0~6岁敏感期
影响孩子的一生

跟吴晓辉学蒙台梭利教育法

第 2 版

[美] 吴晓辉 著

中国纺织出版社有限公司

内 容 提 要

为了帮助父母和幼儿教师们更好地了解蒙台梭利教育的内涵，本书以图文并茂的形式介绍了0~6岁的孩子在情感、社交、运动、感官、语言等方面的发展及相应的活动，旨在帮助父母了解孩子的自然发展规律，并能够在家里为孩子预备丰富、有活力的蒙台梭利教育环境，使用日常可见的材料自制简易的蒙台梭利教具，从而给孩子的人生创造一个美好的起点。

本书作者吴晓辉在美国接受了系统的蒙台梭利幼儿专业教育，有二十多年的相关教学和培训经验，书中的实例都来自教学、实践第一线，希望对幼儿父母和幼教工作者有所帮助。

著作权合同登记号：图字：01—2024—4403

图书在版编目（CIP）数据

0~6岁敏感期影响孩子的一生：跟吴晓辉学蒙台梭利教育法 /（美）吴晓辉著．--2版．--北京：中国纺织出版社有限公司，2025.3
ISBN 978-7-5229-1393-3

Ⅰ.①0… Ⅱ.①吴… Ⅲ.①学前教育—教学法 Ⅳ.①G612

中国国家版本馆CIP数据核字（2024）第035310号

责任编辑：刘 丹　　责任校对：王蕙莹　　责任印制：储志伟

中国纺织出版社有限公司出版发行
地址：北京市朝阳区百子湾东里A407号楼　邮政编码：100124
销售电话：010—67004422　传真：010—87155801
http://www.c-textilep.com
中国纺织出版社天猫旗舰店
官方微博 http://weibo.com/2119887771
北京华联印刷有限公司印刷　各地新华书店经销
2025年3月第2版第1次印刷
开本：880×1230　1/32　印张：8
字数：168千字　定价：59.80元

凡购本书，如有缺页、倒页、脱页，由本社图书营销中心调换

推荐序

"摇动摇篮的手，摇动世界。"看到这句话，我吃了一惊。我一生致力于大学教育研究，虽然也赞同婴幼儿教育在一个人的一生中占有重要地位的说法，但却从未真正静下心来思考过其重要意义究竟在何处，从未花费时间探求过如何教育才能充分发挥孩童探索世界的无穷兴趣与学习能力，直到吴晓辉校长的这本书放到我的手上。

通读全书，我被深深地吸引和感动了。

无意识的儿童世界，也可以这么丰富多彩！

出自天性本能的玩耍竟是我们生命之初认知世界最重要的学习过程！

有目的地引导就可以把自发的玩耍变成智力的开发！

本书详细介绍了儿童生长发育不同阶段的生理心理发展变化的特点，以及如何利用这些特点有目的地引导孩子，让孩子在轻松愉悦的心境下，学并快乐着。几十年来我看到的多是学生学习的辛苦，而本书介绍的孩子们的学习过程可以这样轻松快乐，真让人羡慕。

生活化的语言、简单有效可操作性强的方法与工具是本书的特点。它让父母明白，教育不是学校的专利，而是随时随地都可以进行的。

蒙台梭利教育是目前为止婴幼儿教育方面最受广泛认可的教育方法。吴女士潜心钻研，把科学先进的蒙台梭利教育详细地介绍给国人。本书可谓是"望子成龙，望女成凤"的父母的教子宝典。感谢蒙台梭利女士对人类教育事业作出的杰出贡献，感谢吴晓辉女士热忱地投身教育，倾心编纂本书，为天下父母教育子女提供最佳的帮助。

摇动摇篮的手，摇动世界！

孩子的未来，从家开始！

——美国南加州大学　谢启蒙博士

自序

　　蒙台梭利教育是流传世界各地最先进、最科学、最完善的教育方法之一，由意大利的第一位女医生、教育家蒙台梭利博士倾其一生精力所创建。蒙台梭利通过对儿童的细心观察和深入研究发现，人的智力不是一出生就定型的，而是在一个自由的社会环境中，通过感官的体验而不断地提高、完善的，并且0~6岁的孩童有"吸收性心智"，学习对这个年龄段的孩子来讲是一个自然、愉快的过程，而无须成人施压。

　　为了满足孩子们自然发展的需要，蒙台梭利设计了很多美观、实用、科学、智慧的教具，让孩童在一个预备好的轻松、愉快的环境里自由探索、学习，以此丰富孩童的生活经验，激发孩童的潜能，培养他们的自信心、专注力、创造力和与人交往的能力等，为孩子的成长打下良好的素质基础。由于蒙台梭利的远见卓识和对人性的深刻认识，其教育理念历经百年经久不衰，并且越来越有活力，越来越受到教育界的推崇和关注，其理论不断地向前发展和完善，其教具不断地丰富和推广，从而得到了世界各地父母们的喜爱和信赖，使成千上万的儿童受惠。

　　目前，蒙台梭利教育在国内非常盛行，很多短期培训班陆续出现，不少幼儿园都有"蒙班"。然而，究竟什么是蒙台梭利教育，却少有人真正了解，因此也出现了一些误解、误传。为了帮助父母和幼师们更好地了解蒙台梭利教育的内涵及应用方法，本书介绍了0~6岁的孩子在情感、社交、运动、智力等方面的发展及相应的活动，帮助父母了解孩子的自然发展规律，在家里为孩子预备丰富、有活力的蒙台梭利环境，使用日常可见的材料自制简易的蒙台梭利教具，从而给孩子的人生搭建一个美好的起点。

本人在美国接受了系统的蒙台梭利幼儿专业教育培训，拥有二十多年的教学和培训经验以及3年全职妈妈的经历，书中实例都取材自教学实践第一线和我的亲身经历，源于儿童、父母、老师的良好互动。

本书自出版以来，深受广大幼教工作者和父母的喜爱。为进一步满足读者的需求，本书对部分内容及图片做了更新，旨在使精深的蒙台梭利幼儿教育理念易懂、易用、易行，富有指导性和可操作性，对幼儿父母和幼教工作者都有参考价值。

吴晓辉（Grace Bai）

第一章 认识蒙台梭利

第一节　蒙台梭利生平简介 / 002
第二节　蒙台梭利的发现 / 007
第三节　蒙台梭利教育 / 014

第二章 蒙台梭利教育从家庭开始

第一节　父母是孩子的第一任老师 / 026
第二节　为孩子预备合适的蒙台梭利环境 / 035
第三节　家庭环境布置 / 040

第三章 婴幼儿的发展

第一节　0~6 岁孩子的发展里程碑 / 064
第二节　情商的发展 / 091
第三节　身体的发展 / 138
第四节　感官的发展 / 140
第五节　语言的发展 / 144

第四章
蒙台梭利活动

第一节　玩具和玩 / 148
第二节　实例观察与分析 / 150
第三节　开展适合孩子身心发展的活动 / 156
第四节　0~3 岁儿童的活动 / 158
第五节　3~6 岁儿童的活动 / 174

Q&A〖晓辉老师邮箱〗/ 227
后记 / 246

第一章
认识蒙台梭利

如果说蒙台梭利像哥伦布一样发现了新大陆,这一点儿也不夸张。哥伦布发现的是外在的新大陆,而蒙台梭利发现的是内在的——孩子心灵里的新大陆。这的确是一项重大的发现,正如美州对于哥伦布、万有引力对于牛顿一样真实。使她闻名的就是这个发现而不是她的方法。

——著名蒙台梭利研究学者 斯坦丁

第一节　蒙台梭利生平简介

蒙台梭利这四个字对很多人来讲并不陌生，许多幼儿园都有"蒙班"，家长都愿意把孩子送到蒙台梭利学校或"蒙班"去上学，其学费也比普通学校的略高。但究竟什么是蒙台梭利呢？很少有人能说得清楚，因而也有许多的误解。有人说它是一种与传统教育不同的特殊教法，有人说它是为有钱人开办的贵族学校，也有人认为它是一个连锁学校的名字。

其实，蒙台梭利主要是一种教育理念，认为在尊重孩子独特的个体发展前提下，孩童在一个自由的社会环境里，可以达到最好的学习效果。此外，蒙台梭利还是一个人的姓。玛丽亚·蒙台梭利这个人、她的发现及应用、她的教育理念以及她为孩子们设计的教具等，构成了我们通常所说的蒙台梭利的内涵。

玛丽亚·蒙台梭利是幼儿教育史上最有影响力的先驱者之一，是意大利第一位女医学博士。1870年，她生于意大利安

玛丽亚·蒙台梭利

科那省，父亲是个贵族后裔，母亲是意大利哲学家、科学家兼神父安东尼奥·斯托普尼的侄女，也是一位虔诚的天主教徒。母亲从始至终都是蒙台梭利的支持者、鼓励者和帮助者。她从不怀疑女儿自己的选择。因此，玛丽亚从小就有很强的自信心和上进心，很有主见。她曾对数学产生浓厚的兴趣，并打算以后做个工程师，后来又被生物学深深地吸引，最后决定去攻读医学。年轻的小姐要读医学，这在当时是人们没有听说过和想过的，也是那时社会所不能接受的。然而，凭着顽强的毅力和勇气，玛丽亚终于实现了自己的愿望，成为意大利第一位进入大学医科的女性，并争取到了一份奖学金。

她的求学之路十分坎坷。她是班里唯一的女生。男同学的偏见、嫉妒、不合作都没难倒她，最苦的是当时社会不能接受男女同学一起解剖尸体。她常常要一个人在一个停放尸体的房间里度过几个小时，特别是夜幕降临的时候，这种孤独和压抑更是让她喘不过气来。有一天，她面对眼前的尸体，想到父亲的反对，几乎崩溃，她下决心找一份容易的工作。她走出解剖室，想放弃的念头越来越强烈。在回家的路上，她路过一个空旷的公园，一边走一边想着自己的决定。这时走过来一个衣衫褴褛的乞丐和一个2岁左右的孩子。当那个蓬头垢面的职业乞丐向她伸手要钱时，她却被其身边的孩子吸引住了：这个孩子坐在地上，正玩着一张小彩纸，玩得那么专注、那么快乐，他为所拥有的毫无价值的彩纸而满足。玛丽亚注视着这个幼小的灵魂，突然有一种难以名状的感悟涌上心头。她转过身，直奔解剖室，从此不再回头。

1896年，玛丽亚·蒙台梭利从罗马大学毕业，成为意大利第一位获得医学博士学位的女性。毕业后，她在罗马大学附属的精神科诊所担任助理医生。在这期间，她对智力障碍儿童的问题产生了兴趣，通过与他们的观察、接触、研究，她发现，这些孩子的生活环境剥夺了他们自然渴望的感官刺激，因而才有了这样的境遇。她开始如饥似渴地阅读法国著名学者伊塔和塞根的著作，她相信："心智上的缺陷是教育上的问题而不是医学上的问题。"

1899年，在杜林举办的第一次教育会议上，蒙台梭利发表演讲。她的观点得到了当时教育部长的支持，同时促成了罗马国立启智学校的设立。1899~1901年，她在此校主持校政。两年间，她在同事的协助下，不但培养了一批观察及教育智力障碍儿童的教师，而且自己也完全投入实际的教学及研究中。她每天从早到晚和孩子们在一起，晚上又通宵达旦地做笔记，分析、思考并预备新教材。功夫不负有心人，那些原本与精神病人关在一起的智力障碍儿童不但学会了读和写，甚至和正常的儿童一样顺利地通过了公立学校的考试。

1901年，蒙台梭利离开了启智学校，并考虑教育正常儿童。为了学习这方面的知识，已是罗马大学讲师的蒙台梭利又重新做起学生，主修哲学、心理学等课程。

1904年，她在罗马大学当教授，主讲人类学，并出版《教育人类学》一书。她一直认为，若将她曾成功地运用在智障儿童身上的方法用在正常孩子身上，将能获得极佳的效果。

1907年，她应邀开设了第一所"儿童之家"。她在罗马贫民窟的一个简陋的公寓房间里，同60位贫穷、无人关怀的孩子一起拉开了幼儿教育史上崭新的一幕。

在工作中，通过对孩子们的细心观察和科学研究，蒙台梭利发现0~6岁的孩童有吸收性心智和敏感期。他们可以毫不费力地从周围的生活环境中吸收大量的信息来构建自己。那些曾像野人般的孩子有着奇特的心智集中现象：他们喜欢重复、喜爱秩序、喜爱宁静、喜爱工作甚于游戏，从工作本身得到满足而不必用糖果作为奖赏；他们选择自由并有自发性的纪律；有个人的尊严，有着强烈的自尊心，并且这些四五岁的孩子在没有人教导的情况下，自然地爆发出写字的兴趣。

这些贫民窟里的孩子们如此奇迹般的变化吸引了许多来访者，连玛葛莉塔女皇（Queen Margherita of Savoy）也极为感兴趣，花了好几个小时去观察他们，并预言："我们从这群小孩子身上所学到的，将带来一种新的生活哲学。"阿根廷驻意大利大使也亲自造访。有关这群神奇小孩的消息很快传遍意大利，然后是全世界。各国著名刊物纷纷刊登有关报道，产生了极大的影响。许多人写信或从各国亲自来到罗马，要求更多的指导。这些人中许多是美国人，他们邀请蒙台梭利来美国授课。

1914年，蒙台梭利只身乘船来到美国。当时具有影响力的麦克劳杂志老板麦克劳要求她定居美国并帮她设立蒙台梭利机构及学校。蒙台梭利不想把自己限制在一定环境及某一特定的国家而妨碍她在未来国际性工作中的自由行动权利，因此她拒绝了这个极有诱惑力的建议。不久后，她第二次应邀来美国讲学，受到了令人震惊的热烈欢迎。抵达不久，她就成为大发明家爱迪生家中的座上客。爱迪生对蒙台梭利的工作非常赞赏。不久，美国蒙台梭利学会成立，由发明电话的贝尔担任主席，当时的美国总统的女儿玛格丽特·威尔逊（Margaret Wilson）担任荣誉秘书。

蒙台梭利的著作很快被翻译成多种文字。同时，她在俄国开办了一所专供贵族儿童就读的蒙台梭利学校。在中国、日本、加拿大等国也陆续开办了类似的学校。意大利、法国、荷兰、德国、西班牙、英国、奥地利、印度和斯里兰卡等国纷纷邀请蒙台梭利为教师开办培训班，之后很多国家陆续开设了蒙台梭利学校。蒙台梭利晚年仍然忙碌于自己热爱的事业，她去各国开课、演讲。

1947年，76岁高龄的蒙台梭利以"教育与和平"为题，在联合国教科文组织发表演讲。1949年，她首次获得诺贝尔和平奖提名，其后又两次被提名。1950年，在佛罗伦萨召开的教科文组织大会上，该组织的署长赞誉她为教育与世界和平的象征。1952年5月她逝世于荷兰，享年82岁。

第二节　蒙台梭利的发现

婴幼儿时期是人生最重要的阶段，就像一座价值连城的大楼的地基一样关键。孩子在这段时期的发展及体验，影响其一生的生活。因为孩子的大脑还在发育，并且人生许多重要的发展，如运动、语言、性格等都是在这一时期形成的。这段时期，孩子的发展是惊人的：从一出生的无助到会抬头、翻身、坐、爬，直到会走，如此多的飞跃都是在一两年内完成的。孩子们不像我们平常所想的在被动地成长，而是在主动地发展和完善自己。蒙台梭利通过细心的观察和深入的研究，发现孩子有成人意想不到的学习潜能和没有彰显于外的活跃的精神生活，儿童需要经过相当长的一段时间来完善他们内在的生命力，他们生命成长最重要的阶段是0~6岁。

吸收性心智

儿童在0~6岁有吸收性心智（Absorbent Mind）。他们的学习过程与成人截然不同。他们可以毫不费力地从周围的环境里吸收大量的信息。他们的内心是纯的，眼睛是亮的，对周遭的人、事、物充满了惊叹、好奇、欣赏和喜爱。他们如饥似渴地观察周围的环境，自发地去探求周围的事物。一张彩纸，一块小木块，一片树叶，一朵花，甚至一只会爬的小蚂蚁都会让他们兴奋不已。小手所能触摸到的东西，他们都尝试着用心智去理解；他们在探求周围事物的同时，也暗暗地将颜色、形状、大小、用途、结构等事物的特性吸收进来，逐渐积累经验，建设、加强自己的心智结构。

6岁以前的儿童的吸收性心智包括前3年的无意识吸收和后3年的有意识吸收。0~3岁的无意识吸收就像照相一样，所吸收的影像印在脑海里，很难抹掉。精神病人的病因若追溯到幼年，那是最难治疗的。因为3岁以前的吸收是在无意识中进行的。3~6岁的孩童仍有吸收性心智，在有意识的状态中，他们借助双手轻松地摄取外在事物，丰富自己的阅历，发展自己。一些看似平常的东西都会给他们带来无限的体验。他们每天都有新的发现，都有新的经历。

作者提醒

0~6岁的儿童需要的不是成人的直接协助，这样做往往是帮倒忙，会妨碍他的成长。他最需要的是一个尽可能没有成人干预的自由的活动空间，一个适合他发展的环境。遗憾的是，成人特别是做父母、教师的，常常无意中成了孩子发展的阻碍者。孩子兴奋地拾起一片树叶，妈妈马上跑过来让孩子丢掉，因为树叶太脏；下雪天孩子出去玩，大人赶快把孩子叫回去，因为怕孩子生病；孩子要自己吃饭，大人等不及，又嫌孩子吃得到处都是，因为喂他们吃饭最省事；说是带孩子去公园玩，不是把孩子绑在推车里，就是抱在手中，因为这样最安全；孩子不小心把颜料弄到衣服上，或是昂贵的家具上，父母更是火冒三丈……常常听到父母说孩子到了2岁就整天说"不"，可你是否想过，你在一天中有多少次对孩子说"不",多少次扼杀了孩子的好奇心,使他的吸收性心智不能得到满足,使他的求知欲受到了限制?无知的"爱"会"毁"了你的孩子。

敏感期

0~6岁的幼儿还有敏感期(Sensitive Periods)。他们受到身体内部独特潜能的指引,对某些东西与动作特别敏感。他们会表现出高度的兴趣,自发地做出一些特定的动作,专注且重复地做,直到心里完全满足为止。一旦取得这种特质,一旦目的达成,这种特殊的感觉力就会消失,被另一个敏感期代替。

生物界里也有类似的情形:有一种蝴蝶将卵产在安全、粗壮的树上或树枝的根部。当小毛毛虫破壳而出时,它的胃口很大,需要吃很多的食物。可是,它这幼小的生命因口部很小又很脆弱,只能吃树枝顶端的嫩芽部分,而这一部分离它最远。奇妙的是,它此时对光特别敏感,树枝顶端又是最亮的地方。于是,它受光的吸引爬到树的顶端,在那里,它可以饱食嫩芽与嫩叶。可是当它长得较大、较强壮,可以吃比较粗糙的食物时,它不再渴望见到光了,树上的每一部分对它都一样,它强壮的下颚可以吃较粗的成叶了。此一敏感期消失后被另一敏感期代替,它变成了不吃不喝的蛹,直到蜕变为美丽的蝴蝶。

幼儿有6个敏感期:语言、动作及运动、秩序、社会化、感官知觉、细节或细小的东西。处于敏感期的孩子会忙个不停,不断地用感官去体验,去认识周围的世界。许多抽象的概念,如颜色、长短、味道、高音、低音及形状等,对于3岁以内的孩子是很难真正明白的，我们很难教会他们。他们只能通过眼睛去看，用手去摸，用耳朵去听，用鼻子去闻，反复地经历、比较、观察才能理解。当你看到儿童在重复某一动作或专注于一个在你看来似乎是毫无意义的动作时，请你记住，这些重复的经验对加强脑部连接起着重要的作用，将直接影响他的发展。

敏感期对孩子的成长非常重要，因为这是他一生中最轻松、容易并准确地习得某种特定能力的时期。若在这段时期里他未能按照心里短暂的倾向去做，他以后很难再有甚至会永远地失去习得某种特定能力的机会。例如孩子语言的发展。我们知道，成人要学一种语言该有多难。我们凭着顽强的意志努力地学，还到学校跟老师学，学发音、学语法、练听力、练口语，结果学了10年甚至20年还是有口音。但处于语言敏感期的幼儿却不需要上课，不需要努力，只要在一个丰富的语言环境里就自发地学会了母语，到了6岁就能讲一口流利的母语。不但如此，他除了吸收、接受母语外，还能连同当地的文化传统一起吸收了。

面对我们熟悉又陌生的孩子，成人要转变观念，除去那些先入为主的传统及习惯，了解孩子、懂得孩子、跟随孩子，给他们预备合适的环境，协助他们健康成长。

有一次，我正准备开车回家，突然被对面的一个场景所吸引：只见一岁半的小康妮在两层的台阶上爬上去、爬下来，再爬上去、爬下来，如此有十几次。爸爸在旁边守候着，右手拿着奶瓶，心平气和地跟着她，直等到这个小家伙爬够了、满意了，才停下来。她从爸爸手中拿起奶瓶，一边喝着奶，一边牵着爸爸的手向前走去，大约走了十几步，停下来，伸出双臂让爸爸抱抱，爸爸抱起她，父女俩幸福地远去，从我的视野里消失。

孩子成长中的漏针

即使孩子并未全部利用成长过程中的各个敏感期，他也会长大。但我们错过一次敏感期就丧失了一次以特别方式使我们本身完美的机会。蒙台梭利讲了一个简单而平凡的例子：祖母坐在火炉旁织袜子。她年龄很大，视力减退了，以致经常少织了一针而不自觉，但她依然继续编织下去。终于袜子织好了，但由于少了那几针，所以袜子的结构并不那么坚韧。同样地，如果儿童在成长过程中漏掉了几个敏感期，他仍会长大成人。但许多成人很痛苦地发现，在他们心理、生理和社会关系的发展上漏掉了许多地方，使得他们动作笨拙，无法欣赏音乐，没有色感，对艺术无知，碰到数字就头大，不善交际，依赖他人，优柔寡断等，这都是少了"几针"带来的后遗症。

被滥用的敏感期

上个星期有两位朋友来我家做客，其中一位朋友的孩子无缘无故地打了另一位朋友的孩子。被打孩子的家长大度地说："没关系，你的孩子正处于动手的敏感期。"无独有偶，同一天我打开微信朋友圈，看到一个朋友转发一篇有关孩子敏感期的文章，说孩子有三十几个敏感期，包括说脏话的敏感期等。如果说敏感期如今成了幼教界的时髦名词，倒不如说是被滥用。孩子打人、骂人是属于管教的问题，是要马上纠正和制止的，当然我们要考虑孩子有这些行为的原因和动机，但它们和蒙台梭利所讲的敏感期有多大关联值得我们去思考。那么到底什么是敏感期？敏感期到底出自何方？孩子的敏感期有何种表现和特质呢？

"敏感期"一词首先是荷兰生物学家德·弗里在研究动物成长时所使用的名称。正如前文所讲的毛毛虫变蝴蝶的例子。

后来，蒙台梭利在和孩子相处过程中，通过对孩子的自发行为的观察，发现儿童的成长也会产生同样现象，因而把敏感期一词用在0~6岁的孩童身上。敏感期现象被后来的科学实验一次次所印证，逐渐被主流心理学和教育界所接受和认可。敏感期常被称为"机会窗"（Window of Opportunity）。

早在一百多年前，蒙台梭利发现0~6岁的幼儿在发展过程中受到身体内部独特潜能的指引，对某些东西与动作特别敏感，表现出高度的兴趣，自发地去做一些特定的动作，专注而且重复地做，直到完全满足为止。一旦取得这种特质，目的达成，这种特殊的感觉力就会消逝，被另一个敏感期代替。这种长时间而强烈的活动不会引起孩子的疲劳，恰恰相反，会使孩子精力充沛，热情不减，充满了活力和喜悦。蒙台梭利把这一现象比作燃烧不灭的火焰——"正像摩西在旷野的背面，在和列山上所看到的荆棘上的火焰一样。神圣的思想在受造之物最深处工作来引领他们外面的行动，从而实现神圣的计划"（《蒙台梭利她的工作和生活》）。

敏感期不是一时的好奇，也绝非偶然发生的现象，而是孩子与生俱来的，是本能的渴望，是正能量的冲动，从孩子心智里发出，就像探照灯一样聚光，照亮环境中的某一部分而弱化周围的其他事物。这一强烈特别的兴趣和热情开始于孩子潜意识的深处，借助与外部世界的互动而使孩子建立意识。

通过与儿童们相处和工作期间对他们自发活动的观察，蒙台梭利发现幼儿有6个敏感期：语言敏感期、动作及运动敏感期（包括大肌肉运动和手的活动）、秩序感敏感期、社会化敏感期、感官知觉敏感期、细节或细小的东西敏感期。当你看到孩童在重复某一动作或专注于一个在你看来似乎是毫无意义的动作时，请你记住，这些重复的经验对加强脑部连接起着重要的作用，直接影响他的发展。做家长的要给孩子预备适应的环境、充足的时间和足够的机会，让他练习，完善刚刚开始的每个活动。比如，婴儿刚学会爬，就要给他预备一个宽敞、安全的场地，把地板打扫干净。冬天怕凉，可在地上放一块地毯等。放一些颜色鲜艳的玩具，比如球类，吸引他爬过去。经过反复不断地爬，使他的身体更强壮，四肢更灵活，协调能力也不断地加强。自然地，他就会飞跃到下一个阶段。家长切记不要拔苗助长，孩子还没站稳就别急着让他走路，也不要拿自己的孩子跟别人的孩子比，因为每个孩子都有他自己的生物钟。家长更不要把孩子整天搂在怀里、抱在手中，要给他们一个安全自由的空间，让他们去探索、去发展。

正常化过程

当孩子主动地选择所喜爱的工作，并专注、完全地投入工作的时候，他们会从工作中获得满足和喜悦。一个正常的孩子表现为祥和、平静，对学习充满喜悦和热情，不需要老师的催促和叮咛。当孩子的智力和心理的能量交织在一起而达到心智和谐时，孩子内在的秩序感和自我构建就形成了。

第三节　蒙台梭利教育

蒙台梭利教育的独特之处主要体现在以下 5 个方面。

全人教育

蒙台梭利教育是非常平衡的，既细致又全面。细致到生活的每个细节，每项活动也是细致到每个分解动作，从头到尾滴水不漏，同时又很全面，它被称为全人教育。教育的目的是帮助生命的成长，是为了孩童生存和生活的需要，也是孩子自我发展的需要，而不是片面地传授知识，也不是为了学术的超前，更不是为了竞争。老师不把孩子与别的孩子比较，而是与孩子自己比较，让孩子感受到学习充满了乐趣和享受，尽管有时充满了挑战。由于教具的设计是渐进的，教学进度一步步往前，所以蒙台梭利教育不是立见成效的，而是逐渐提高的。让一个孩子在几天内背会几首诗词，或在几个月内认识上千个中文字，都是可能的，但要培养孩子自己的事自己做，做事有次序、专注等做事的良好习惯；提高动手的能力、独立思考的能力、解决问题的能力、与人交往的能力；培养热爱生活、乐于助人、爱护环境、爱好和平等美德，是不可能在几天甚至几个月内做到的。这些习惯、能力和美德成为一个人内在的组成部分，成为其个性，会跟随孩子一辈子，并决定他的将来。所以家长在教育孩子时，既要重视知识的传授，更要重视良好习惯、处事能力及人性美德的培养。

预备好的环境

当来到蒙台梭利教室时，你会发现教室是经过精心设计的，整个环境是预备好的。

预备好的环境，顾名思义就是在孩子们还没来之前，环境已经布置、安排、预备好了。预备好的环境可以满足 0~6 岁孩子的"吸

收性心智"和"敏感期"的需要,激发他们在智力、体力、情感和社交能力等方面全面发展的潜能,同时确保孩子的健康和安全。

蒙台梭利教室的环境是有秩序的。教室里用矮书架自然地分成几个区:日常生活区、感官区、数学区、科学区、地理区、语言区、艺术区。教具多样却很整齐地摆在架子上。每个教具都有自己特定的位置和功用,并按循序渐进的次序摆设,由左向右,从上到下,这样的顺序也间接地为孩子们阅读做预备。

与传统的学校不同,蒙台梭利教室的墙上一般不贴商业广告、图片、海报等,而是在孩子眼睛的水平线的高度挂几幅莫奈、梵高等人的名画,让孩子们感受到这整齐优雅的环境是专为他们预备的。

蒙台梭利认为孩子理解周围的事物,并认为是真实的。对年龄

较小的孩子来讲,很难分清什么是真实的,什么是虚构的。比如,3 岁大的孩子以为米老鼠和大自然的小动物一样都是真的,直到他们有了一定的经历或到了一定的年龄,才能理解抽象的概念。所以蒙台梭利教室里的植物、小动物都是真的。孩子们也学习照顾它们,给它们浇水或喂食。当然,发挥孩子们的想象力也是非常重要的,但却要以真实的生活为背景,如"过家家"角里的邮局活动:设立一个信箱,孩子们把写给老师或同学的信放到里面,送信人打开邮箱把信送到那个人的信筒里。再如,新年时,放些中国传统的衣服,让孩子们感受民族风情。

蒙台梭利教室里的孩子们

孩子们在蒙台梭利教室里可以根据自己内在的需要或伙伴、老师的建议来自由选择活动，自由选择什么时候或与谁一起做。有的孩子一个人专注地工作，有的孩子两个一起合作，也有的和老师一起做。通常3~6岁的孩子喜欢和同伴或一个小组活动，而3岁以下的孩子喜欢一个人做。孩子们自由走动，却很有秩序，忙而不乱，积极地参与学习，进行各种适合他们发展的、多元化的、具体的、有目的、逐渐加深难度的活动。他们反复地进行同一项活动，使他们能加深认识，逐渐熟练掌握此技能，直到自己满意为止。孩子们做完一项活动后，将物品收好放回原位，然后再选择另外一项工作。

班级是由混合年龄的儿童组成的，如0~1.5岁、1.5~3岁、3~6岁等。混龄有利于孩子们社交能力的发展，年龄大的孩子帮助年龄小的孩子，年龄小的孩子向年龄大的孩子学习，这样的环境更自然，更有家的气氛。特别是有些家庭是独生子女，家里没有兄弟姐妹，混合年龄的环境使他们有机会学习与不同年龄的孩子交往，与不同性情的孩子打交道，取长补短，互相帮助，这对情商的发展非常有利。一个3岁孩子刚到蒙班时是最小的，他受到哥哥、姐姐的照顾；第二年，他也会同样去照顾比他小的孩子，而不会厌烦他们。因为他曾经被大孩子照顾过，如此使他更富有同情心。比如，当他看到比他小的小朋友哭着要妈妈时，他会去安慰他，帮他擦眼泪，并告诉他"不要哭，放学时妈妈就会来接你"；当看到比他小的孩子不小心把豆子洒了一地时，他会上前去帮忙捡拾。他在帮助小的孩子的同时，上面还有大一点儿的孩子让他去模仿、去学习。第三年，他是年龄最大的了，是老师的小助手，是弟弟妹妹的榜样和模仿的对象，他已经被培养了充分的自信心和领导能力。这一情感的发展过程是在同龄班级里学不到的。混合年龄，在智能发展方面也更有弹性，更有空间。比如，一个 4 岁的孩子在数学上很超前，能完成 5 岁孩子的活动，老师不阻止他，就让他学通常是 5 岁孩子学的数学。或者他很自然地和一个 5 岁的孩子一起做程度高一些的活动。他教 3 岁小朋友的时候，他是在应用自己所学过的知识，同时又加深了他对那个活动、知识的理解。

教师的角色

蒙台梭利教师是环境的布置者，是连接孩子和环境的中间人。如果没有一个受过训练的蒙氏教师，那预备好的环境就没有多大的意义。教师使环境充满了生机，所以教师是孩子环境中重要的一环。

同时蒙台梭利教师还是观察者、协助者、帮助者。因蒙台梭利是医学博士,所以她非常强调观察、记录的重要。一个有经验的蒙台梭利教师在没看到孩子之前不会告诉你,你的孩子要从哪里开始学,会有何种结果,而是在见到孩子之后,通过观察、了解而知道他各方面的起点在哪里,从而根据不同孩子的不同程度、不同特长等制订相应的教学计划。

蒙台梭利教师们平和而有耐心,不发号施令,不批评指责;他们不把自己作为教室的中心,他们不站在孩子前面去给予不必要的帮助,而是站在他们的后面,让他们尽量往前走,去发现、去探索、去讨论、去寻找答案解决问题。在那些需要帮助的孩子面前,教师会出现,而在那些专注的孩子面前,教师会隐退。他们会通过观察每个孩子,制订出不同的学习方案。

教具

蒙台梭利教具是蒙台梭利博士根据孩子们自然发展的需要而亲自设计的,也有一部分是教师根据孩子和教学的需要而设计的。蒙台梭利在预备教具时,认真观察孩子们的反应,孩子们常用并反复练习的教具她就留下,那些虽然她自以为好的教具若孩子们不感兴趣,她就撤掉,她一再强调要跟随孩子。

教具的设计美观、科学,操作性强,每个教具强调一个特质,如粉塔是学习大小的概念,红棒是学习长短的概念等。孩子们通过动手操作和用感官来接触这些具体的教具而学习抽象的概念,从混乱中找到规律,从而加强自身的手眼协调能力、秩序感、独立能力、注意力和观察能力。教具本身具有教育和错误订正的功能,从而使孩子们在根据内在需要而独立探索这些教具的同时,不知不觉地逐渐掌握了日常生活活动、感官、数学、语言、自然、地理、美术和音乐等方面的知识和技能。

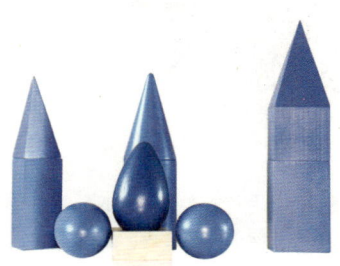

教具的安排由简单到复杂,由具体到抽象。放在架子最上面左边的教具最简单,最底层架子上摆在最右边的教具最难。这种次序让孩子知道他下一步要做什么,为下一步的活动提供准备空间,从而使他在一个喜乐气氛中学习、进步和成长。

如何识别真正的蒙台梭利学校

蒙台梭利通过对孩子发展过程中自发行为的观察及研究而形成的教育理念和方法被称为蒙台梭利教育。蒙台梭利谦卑地认为她并没有发明什么,而是把她所观察到的孩子们所做的记录下来。她从来没有申请过专利,所以蒙台梭利学校并不是连锁店而是独立的经营单位。目前在我国也有很多蒙台梭利学校出现,有的是名副其实,有的则不尽然,如有的幼儿园仅有些蒙式教具就宣称自己的幼儿园实施的是蒙台梭利教育。

一所真正的蒙台梭利学校（美国标准）应具备以下条件。

（1）有一个适合孩子发展需要的预备好的环境。

（2）教室里至少有一位是经过正规训练并有一年实习经验的认证教师。认证教师掌握蒙台梭利的主要教育理念并应用于教学，知道如何为孩子预备合适的环境，能够通过观察了解孩子的需要而设计个人教学计划和整体教学进度；知道如何使用教具并自己设计教具，懂得如何与家长合作。

（3）学生由混合年龄及不同家庭背景的孩子组成。

（4）有一套蒙台梭利教具（很多教具可以自己设计）、一些活动来适应孩子们身心发展的需要。

（5）在时间安排上，要有一段时间让孩子根据自己的需要而自由选择活动，去解决问题。

（6）在一个平和的气氛里，鼓励孩子们合作、交往，一同学习、一同讨论，彼此安慰，鼓励孩子们自己解决他们之间的冲突，重视孩子们情感的发展。

（7）对外是开放的，允许家长及客人预约来参观。在美国、加拿大两国就有很多所蒙台梭利学校，深受家长和孩子们的喜爱。有的学校只有 3~6 岁的班级，有的学校招收 1.5~6 岁的孩子，大一点的学校的招收对象是从婴儿一直到中学生。其中招收 3~6 岁孩子的学校很普遍。在美国也有很多口碑很好的蒙台梭利教师培训中心，有些大学院校也有相关专业。我所在的新泽西州就有 5 个培训中心和院校培训蒙台梭利教师。学员们在完成蒙台梭利的课程并经一年的实习后获得美国蒙台梭利协会（AMS）颁发的蒙台梭利教师证书。

那些孩童时期接受过蒙台梭利教育的人如何影响着你今日的生活方式

也许你从来没有接受过蒙台梭利教育，你在培养孩子的时候也没有了解过蒙台梭利的理念。但是你知道吗？即使这样，蒙台梭利教育还是影响着你的生活。下面就让我们来看看蒙台梭利教育是怎么通过塑造个人来改变世界，从而影响我们每一个人的。

蒙台梭利的教育理念和方法在 20 世纪初就受到一些世界重量级人物的赞赏和推崇。其中包括著名科学家爱因斯坦、大发明家爱迪生，以及大文豪托尔斯泰。当蒙台梭利在美国讲学时，她是爱迪生家里的座上客。而托尔斯泰则慕名把他的女儿送到蒙台梭利学校进行早期教育。电话的发明者贝尔和太太在 1913 年成立了美国蒙台梭利协会，而协会的荣誉秘书则是当时美国总统的女儿玛格丽特·威尔逊。

在过去的 100 多年中，蒙台梭利教育不但没有陈旧，还越来越受到世界各国人士的普遍推崇。美国前总统克林顿、英国王室以及著名的大提琴演奏家马友友等都把孩子送到蒙台梭利学校。而昔日受到蒙台梭利教育的孩子们如今都已成材，他们活跃在社会的各个领域，从艺术家到诺贝尔奖获得者，从媒体权威到管理巨头，从王室显贵到普通公民，从大型公司的创始人到教育工作者，处处可见蒙氏学子的身影。

微软、谷歌、苹果、亚马逊、维基百科等，都是家喻户晓的名字。它们不但成了近代高科技发展的象征，更是深刻地影响着每个人的生活方式。可是你知道吗？这些公司的关键人物，如微软的比尔·盖茨，谷歌的两位创始人拉里·佩奇和谢尔盖·布林，亚马逊的创办人杰夫·贝佐斯，维基百科的创建人之一吉米·威尔士，以及美国著名电子模拟游戏设计者维尔·怀特等都是蒙台梭利教育的受益人。当谈到他们的成功经验时，他们都多次表示他们能有今天的成就，和儿时所受的蒙台梭利教育有关。

巴巴拉·瓦特在2004年采访谷歌的创始人拉里·佩奇和谢尔盖·布林时，问他们的成功是不是受惠于在大学做教授的父母。他们却回答说：自己的成功乃是归功于儿时的蒙台梭利教育。拉里·佩奇说，他们二人都曾上过蒙台梭利学校，蒙台梭利教育训练他们不循规蹈矩、主动学习、自我激励、喜欢问个究竟、乐意和别人做不同的事。蒙台梭利教育"教他们思考，给他们追求自己兴趣的自由"。

美国著名的游戏设计者维尔·怀特说："蒙台梭利教育教给我探索、发现的快乐，从而对一些复杂的理论产生兴趣。比如，通过玩积木而喜欢和理解勾股定理。这完全是源于你自己的兴趣而不是教师解释给你的结果。模拟城市游戏完全是蒙台梭利教育的产物。"

这些具有影响力的成功人士身上所共有的特点，如自信、自律、专注、好奇心，对自己所做的事情有高度的兴趣和热情，善于思考、主动学习、喜爱探索、勇于创新等都是蒙台梭利教育这棵参天大树上的果子，借此你可以了解和认识蒙台梭利教育的理念。不仅如此，蒙台梭利对这些高科技人才的直接影响如今也间接地影响着每个人的生活方式。

第二章
蒙台梭利教育从家庭开始

如果从生命的角度去思考，我们就会用更深、更广的眼光来研究蒙台梭利博士的心血结晶，而不是研究一种教育制度。

—— 著名蒙台梭利研究者　斯坦丁

第一节　父母是孩子的第一任老师

孩子的敏感期从出生就有，所以蒙台梭利强调教育从0岁开始、从家开始，父母是孩子的第一任老师。因与孩子亲密接触而有特殊的关系，父母最了解孩子，深知孩子的喜怒哀乐、长处短处、兴趣爱好、智力和体能。在与孩子自然相处的过程中，在日常生活里，不但把基本知识、技能传授给他们，父母对生活的态度、父母的价值观和人生观无不潜移默化地影响着孩子。父母不必受教学进度的限制，不需要和别的孩子比较，只要跟随自己孩子的步伐，使孩子在爱和自由的环境里健康成长。

爱孩子，从尊重开始

父母首先要做的是观念的转变和更新。记得二十多年前在参加蒙台梭利训练时，我觉得最难的不是如何使用教具，而是观念的改变。当老师讲到"尊重孩子"时，我大脑里立刻出现"尊重师长"，然后跟老师争辩"尊重孩子"会"惯坏孩子"，争到后来才发现"尊重"孩子和"惯"孩子根本是两回事。做父母的常常犯的毛病是既惯孩子又不尊重孩子。特别是当一家只有一个孩子时，父母、祖父母、外祖父母，集万千宠爱于一身。父母包揽了一切，从喂饭、穿衣服到整理房间等。帮孩子做，既快又省事，自己喂孩子，帮他们穿衣、洗澡比教他们去做这些事容易得多，少花了好多时间和精力，家庭条件好的甚至不惜花钱请人来做。有时孩子要自己来做却被大人视为不乖、不听话。父母以为这样做是爱孩子，却不知是在阻碍孩子的发展，甚至是害了孩子。如此越俎代庖、大包大揽，不但没帮助孩子，还会在无意中触犯了孩子最基本的尊严，剥夺了孩子的基本权利。要知道，孩子不是被动的好玩听话的布娃娃，而是一个成长的有自主意志的生命体，是一个活生生的"万物之灵"，尽管他看似什么都不懂。上天给他造了双手和大脑，手是用来做事的，大脑是用来思考的。通过用手做事而学会做事，通过用脑思考而学会思考。手和脑是连在一起的，手越用，脑越灵。通过他力所能及地参与帮妈妈摆碗筷等活动，让他觉得自己是家庭中的一员，自己可以尽一份力量，从而体会到帮助别人的快乐并学习与人合作。

一个2岁孩子的"日记"

今天醒来后我想要自己穿衣服，但大人告诉我："不，没有时间了，让我来给你穿吧。"这让我很伤心。

我想自己吃早餐，但大人告诉我："不，你吃得到处都是，让我来喂你吧。"这让我感到很沮丧。

我想自己走到车旁边，自己上车，但大人告诉我："不，我们得快点走了，没有时间了。让我来做吧。"这让我很无奈。

我想自己下车，但大人告诉我："不，没有时间了，让我来做吧。"这使我想逃跑。

之后我想玩积木,但大人告诉我:"不,不是那样搭的,要这样搭……"我就决定不再玩积木了。我想玩其他小朋友的玩具,所以我就拿过来了,大人告诉我:"不,不要那样做,你要和别人分享。"

我都不知道自己做了什么,但这让我很伤心。所以我哭了。我想要一个拥抱,但大人告诉我:"不,你很好,去玩吧。"

大人告诉我是时候收拾东西了,我知道,因为大人总是在说"去把你的玩具收拾好。"我不知道要怎么做,所以我在等待有人来教我。"你在做什么?为什么还站在那里?怎么还不收拾你的玩具……快点!"大人不允许我自己走到我想去的地方,但现在我却被要求收拾东西。

我不知道该怎么办。有人可以教我该怎么做吗?我该从哪里开始呢?这些东西该放到哪里呢?我听到了很多话,但我却不明白我被要求做什么。我很害怕,也不敢乱动。我只能躺在地板上哭泣。

吃饭时间到了,我想要自己拿食物,但大人告诉我:"不,你太小了,让我来给你拿吧。"这让我感觉自己很渺小。我想吃面前的食物,但有人一直说:"这儿,试试这个,吃这个……"然后把食物塞给我。我不想再吃了。这让我想丢东西,想要哭。

我不能自己离开桌子,因为没有人让我自己下来……因为我太小了,我不能自己下来。他们一直说要我吃一口。这让我哭得更厉害了。我很饿、很沮丧,也很伤心。我累了,需要有人抱抱我。我缺乏安全感,就要崩溃了。这让我害怕,我哭得更厉害了。

我已经2岁了。没有人会让我自己穿衣服,没有人会让我自己去我想去的地方,没有人会让我自己照顾自己。

不过,大人希望我知道如何与别人分享,"听着"或"等一下"。大人希望我知道该如何说,该如何做,或如何处理我的情绪。我应该安静地坐着,或者知道如果我扔了什么东西,它可能会破掉……但是,我不知道这些事情。

大人不允许我练习走、推、拉、拉拉链、扣纽扣、服务别人、爬、跑、投掷或做那些我知道怎么做的事情。大人不允许我做那些我感兴趣或好奇的事情。

我已经2岁了。我已经不差劲了……我很沮丧,很紧张,很有压力,不知所措,也很困惑。我需要一个拥抱。我需要被尊重。

父母的陪伴是给孩子最好的爱的礼物

因为爱孩子的缘故,为了孩子有一个快乐的童年和幸福的将来,父母一定要花时间陪孩子,陪伴他们成长。记得几年前,我看过一个电视采访节目,受采访的是一位非常成功的演员。她电影演得好,做主持人也颇受观众喜爱,并且她不断迎接新挑战,开辟自己更广阔的天地,不但事业上很成功,她还有一个美满的家庭,和丈夫相亲相爱,谈到女儿时她更是眉飞色舞、喜悦有加。她告诉记者她女儿多聪明,她多么爱她的女儿。当记者问道:"您这么爱您的女儿,您一定把业余时间都花在女儿身上了吧?"她一愣,然后不无骄傲地说:"也没有,我太忙了,早出晚归的,又有很多应酬,不过我为她请了3个人,我告诉他们怎么做。"接下来她又继续讲她人生的新计划……她事业成功、经济富裕,所以能给孩子一个优越的家庭环境,并给孩子请了3个人照顾,她为此骄傲,认为自己是个称职的母亲。她没有意识到,这些只是满足了孩子外在的需要，孩子心灵深处的需要不是物质就能满足的，因血缘关系孩子对父母亲情感的需要是任何人不能代替的。即使给孩子请了很多优秀的老师而使孩子在某些方面成功了，缺少父母陪伴的孩子也是不幸的。对现代人来讲，最重要的是时间，所以要用有限的时间做最重要的事。

教育孩子是父母的责任

没时间陪孩子，其实无意中你就把你所爱的孩子放到了不重要的位置。没时间陪孩子，严格来说在潜意识里你最爱的是你自己——自己的事业、自己的名声、自己的将来，甚至有些父母让孩子学钢琴等也是为自己争面子。花时间在孩子身上并不是让每个人都做全职妈妈。如果家里有足够的经济条件，妈妈也喜欢在家带孩子，照顾家庭，那是再好不过的了。在美国，这样的年轻母亲很多，等孩子上小学后再去工作或做个兼职的工作。但不是每个家庭都有这样的条件，有的家庭经济条件不允许，也有的人留在家里会心理不平衡，所以在城市里大多是两个人都上班。父母都上班，用在家庭生活中的时间会很紧张。为了工作在外面会有很多的应酬，回到家里已是筋疲力尽，再照顾孩子实在是心有余而力不足了。但是，为了孩子，你要尽量调整作息表和一部分工作方式，如减少应酬的时间和次数等，力所能及地给孩子提供一个好的环境。每天尽可能地抽出些时间陪孩子读读书，和孩子谈谈心、说说话，或买菜时带着孩子，做饭时让孩子帮点忙。

如今很多人的家里请了保姆，自己不用买菜做饭、收拾房间。但请不要让保姆把孩子的事情都包揽了，若是那样，你的孩子就没有多少机会学习生活技能，那是害了孩子。有句格言讲得好："成人因贫困而受苦，孩子因富裕而受害。"

父母在孩子成长中的角色

爱一个人就喜欢和这个人待在一起，就像恋爱中的恋人一样，整天在一起也不嫌够。但如果有人只给你物质的东西而不花时间和你在一起，你可能不会嫁给他，因为他并非真正爱你。同样，只满足孩子的物质需要，而不花时间陪孩子成长的父母也是自私的、不负责任的。

有一次，有一位在中国台湾长大、事业有成却患有严重忧郁症的朋友向我谈起她的病情时，突然话题一转说："我没有童年，我母亲没亲过我，我父亲没爱过我，他们从没陪过我读书、玩耍……"我替她难过，因为我知道童年时因没受到关爱而受伤的人，成年时更容易得抑郁症。所以忙碌的父母亲，没有什么比陪伴孩子长大更重要！请重新考虑你的生活方式，合理地安排时间，和孩子一起享受成长，享受帮助生命长大所带来的喜悦，享受与孩子在一起的快乐！如果每位父母亲，特别是母亲，能花多一点的时间在孩子身上，那社会上就会多一些身心健康的快乐天使，少一些心理不健全的问题孩子。"摇动摇篮的手，摇动世界。"摇篮里的孩子将来如何，父母亲扮演着重要的角色！

爱

爱是恒久忍耐,

又有恩慈;

爱是不嫉妒;

爱是不自夸,

不张狂,

不做不合宜的事,

不求自己的益处,

不轻易发怒,

不计算人的恶,

不因不义而欢乐,

却与真理同欢乐;

凡事包容,

凡事相信,

凡事盼望,

凡事忍耐。

妈妈的心声：孩子，别急，慢慢地长大
——写给3岁的孩子

亲爱的孩子，虽然你的到来打乱了我们规律的生活，影响了我们的睡眠，你的哭声常让我们不知所措，可是爸爸和我知道你是上天赐给我们最宝贵的礼物。你的到来给全家人带来了极大的喜乐。妈妈从你身上看到了生命的奇迹：你刚出生时是那么无助，那么微小。你的大脑还没有发育完全，有眼看不清，有腿不能走，有口不会说，可是你的生命却蕴藏着何等奇妙的潜能：你用哭声和妈妈交流，哭声是你丰富的语言：告诉妈妈你饿了，要睡觉了，尿布湿了，胀气肚子痛了，要妈妈陪了，或者是想要妈妈抱抱了。妈妈学着读懂你哭声的含义，来回应你。有时候，妈妈也不懂，就抱着你祈祷，唱你还在母腹里常听到的诗歌。

油画《摇篮》（法）莫里索

　　一年里你按照生命设定的规律经历了成长的飞跃：你会抬头，抬胸，翻身，七坐八爬；1岁时，你开始勇敢地迈出第一步，还会叫我"妈妈"；2岁时，你觉得自己长大了，什么都要自己来，常常用"NO"来表示你的不赞同，可是转眼看不到我的身影，你又会哭着要妈妈。大人叫你这个年龄的孩子"Terrible two"（可怕的2岁）。可是当妈妈受伤时，你却跑过来拥抱妈妈，还会关切地问"Mommy, are you ok？"（妈妈，你还好吗？）妈妈不但感动得流泪，还不禁感叹这是怎样精心的设计，早早把你同情心的萌芽显露给妈妈。妈妈知道你的同情心是如此柔细，那样的真实，仿佛在提醒妈妈从此要活在爱中，不能轻易发怒。孩子，如今你3岁啦,妈妈想对你说:孩子,别急,你慢慢地长大!让我多看几眼你那可爱的模样,看你那双会说话、清澈的双眼,让我牵着你的小手多走几步路,让我慢慢地倾听你清脆的声音、天真的话语,让我陪你做你这个年龄该做的游戏,陪你读你这个年龄应当读的书。

最后,孩子,告诉你一个小秘密,妈妈最喜爱、最享受的事情就是你坐在妈妈的怀里,和妈妈一起读书、唱诗、说歌谣,和妈妈讲几句家常话。有一天,你会长大,那时我们一定会一起回忆这段难忘的时光,讲述发生在儿时的点点滴滴。

第二节　为孩子预备合适的蒙台梭利环境

父母都爱自己的孩子，对孩子更是体贴入微，尽一切所能地满足孩子的要求，花在教育上的费用更是尽其所能、倾其所有。可是，父母却常常忽略了家庭环境的布置：家里的家具、用具以及各种摆设都是为成人预备的。孩子要自己洗手却够不着水管，要自己吃饭却爬不上高椅子，自己梳头却握不住大梳子……蒙台梭利强调成人既是孩子成长过程的帮助者、协助者，又是孩子生长环境的安排者。既然孩子是家庭的重要成员，家又是他花时间最多的地方，那在家

庭环境的安排上，父母不但要给他们预备自己的空间，而且孩子的家具、装饰物及玩具的摆放都要满足孩子自然发展的需要，从而帮助孩子建立独立的人格，发展其动手能力，以及解决问题的能力。所以在购置家具时，别忘了买造型简单、结实、安全，适合孩子身高的小桌椅、小书架等。例如，椅子的高度应以孩子的脚可平放在地面上的高度为宜；书架的高度应以孩子可以看到放在书架顶部的碗里盛装的东西为宜。由于每家的条件不同，有的家空间大些，有的家空间小些，其实空间的大小无关紧要，孩子的空间也不需要昂贵的装饰，他需要的是一个干净、温暖、安全、舒适、光线充足和令人喜悦的环境。

合适的家庭环境满足孩子敏感期的需要

由于0~6岁的孩子有敏感期，其中一项是秩序感敏感期，这是一个非常重要且神秘的时期。婴幼儿因其对秩序的认识，使他辨认并记得每件东西的位置及这些位置与环境的关系，使自己在这个环境里感到适应。婴儿从周围的环境里学会适应的法则，并借助环境塑造自我，因此他需要井然有序的环境。想想看，婴儿来到这个世界，一切都是陌生的，他要从陌生到熟悉来认识这个世界。如果他周围的环境是支离破碎的、变化不断的、无规律可循的，他一定会觉得茫然，无所适从。他有限的大脑智商无法认识这个不确定的世界。当他刚刚知道晚上天黑的时候，桌子上面的东西（台灯）就会亮起来。这一发现会给他带来喜悦和兴趣。如果第二天把台灯移到别处，天黑时，孩子又会去桌子上找，却不见了，灯在别处亮起来，孩子幼小的心灵就会很难适应。这就像我们刚搬到一个新的地方，刚知道商店的位置，过几天商店搬家了；刚刚熟悉一条路，开车走的时候却发现路变了，我们会觉得像进了迷宫一样。无秩序，对我们这些已经有相当多经验和具有推理能力的成人来讲都会不适应，更何况对这个世界一无所知、刚刚开始认知的婴儿呢？所以一个适合孩子（特别是0~3岁的孩子）心灵发展的环境应该是安全的、有秩序的，每个物品有它自己的地方，不随便更换位置，使孩子即使是闭着眼睛到处走动，也没有任何危险，想要的东西，伸手就可以拿到，这样的环境会给孩子带来安全感和快乐。

合适的家庭环境促进孩子吸收性心智的发展

蒙台梭利发现周围环境不仅影响孩子的智力发展，还给孩子带来许多好奇，他们喜欢探索，特别是2岁左右的孩子，家里那些精美的东西对他们充满了诱惑。所以父母要有心理准备，一定要把贵重易碎的物品或危险品放到孩子够不着甚至看不到的地方。孩子够得着的东西应该是他可以拿来用、拿来探索的，否则如果父母一直告诉孩子这个不能动、那个不能摸，他们很难用语言表达不满和要求，反而会生气、会闹，会和父母发生冲突，因而不利于孩子情感的发展。相反，如果家里有孩子的空间，给他们一个自由、轻松的环境，即适合孩子年龄的活动场所，孩子会受到内心渴望的驱使去做各种活动，从而提高他们的手眼协调能力，进而发展智力，并学习照顾自己、爱护环境。他们不再需要父母威逼利诱才学习，对他们来讲，学习的过程比结果更重要。比如，成人盖房子目的很明确，就是要盖好一座房子，而孩子在沙滩上用沙子盖房子，盖好后毁掉重新盖，对他们来讲，盖好一座房子不是目的，盖房子的过程才是他的快乐所在。这个过程也就是他们学习的过程。

成人是孩子环境的一部分

我们强调母亲的重要，同时，父亲和家庭其他成员的参与也不可缺少。没有人能取代父亲的角色，孩子需要爸爸，母亲也需要丈夫的扶持和关爱，如果有爷爷奶奶或外公外婆的帮忙那实在是再好不过的了。尊老爱幼、彼此相爱、互相扶持的和睦家庭是孩子最好的成长环境。

所以，做父母的要懂得这个年龄孩子的身心发展规律，不带任何成人的偏见，并根据孩子的需要而预备相应的环境和活动，还要学会观察孩子，知道他们在哪些方面需要帮助，使孩子在一个自由、友善、欢乐的气氛下逐渐成长。我们要培养的不是一个只会学习而没有生活能力和社交能力的小书呆子，而是一个充满活力的人，一个喜欢帮助别人、喜欢发现、喜欢探索并乐此不疲的人。

在忘我的学习过程中可以培养孩子的集中力；每个物件用完后放回原处，一次只做一件事，坚持完成每项活动进而培养他的秩序感；自己穿衣服、吃饭，培养勤劳、自信的生活能力。这个年龄的孩子，天性是喜欢学习并享受学习过程的，可以让他们在自由的环境里做想做的事。若孩子无理取闹，父母则要严肃制止并纠正其行为。在不影响孩子注意力的情况下，父母可以给孩子拍些照片留做纪念，以记录他们成长中的点点滴滴，陪伴孩子享受快乐的童年。

第三节　家庭环境布置

0~3个月孩子的家庭环境布置

0~3个月的婴儿照顾每天基本上是：吃奶、哄睡觉、换尿片；睡醒了吃饱了也换好了尿片，他会自己玩一会儿。3个月以内的孩子的生活很简单，环境的布置要围绕以下几点进行：一张婴儿床，也可以把床垫子放到地板上当床，这样最安全。但因妈妈坐月子时腰很容易累，太低的床，妈妈抱起、放下孩子或给孩子换尿片时都比较费力，所以婴儿床还是要尽可能地使妈妈感觉方便些。床单要舒适，最好是纯棉质地。床是睡觉的地方，上面不必放太多东西，床栏杆上可贴一两张视觉图案。对于1个月大的孩子，可以贴一张妈妈头像的放大照片，或在床上放一两个小毛绒玩具，如小熊猫、小斑马等。孩子2个月后，可在小床上吊一个有音乐声的旋转装饰物。小床的一边放一个矮柜子，上层抽屉放孩子换尿片的床单（或薄被子）、尿片、擦大便的湿纸巾；下层抽屉放孩子的内衣，室内穿的衣服等。柜子上放盏台灯，灯的瓦数不要太大。台灯旁放一个小音响，偶尔给婴儿放一段莫扎特的名曲。小床的旁边放一个有盖子的桶或筐，收垃圾用。小床另一边放一张大人的摇椅，让妈妈坐在上面喂奶，婴儿有时会吃吃奶停下来看看妈妈，或妈妈抱着孩子一边摇晃摇椅，一边轻拍或抚摸孩子的后背，唱些摇篮曲让孩子安静或睡觉。

4个月~1.5岁孩子的家庭环境布置

这个年龄段的孩子有很多成长的飞跃，如翻身、坐、爬、站立、行走等，所以他的活动空间不再是平面的而是立体的，也不局限于床上，而是需要更大的空间。在家里大一点空间的地板上，放一大块干净的地毯，地毯不要太花，米色或浅灰色就很好，孩子可以在上面不受限制地安全活动。为会爬的孩子预备一个大纸盒子，如装电视、电脑、冰箱的盒子，上部和底部裁掉，让孩子爬进爬出，或在地毯上放几个色彩鲜艳的玩具，鼓励孩子向前爬。

为学站的孩子预备结实、安全的椅子或矮柜子，使他可以扶着站起。为蹒跚学步的孩子预备结实、安全的家具，如椅子、小桌子、矮柜子，供孩子扶着走或是能向前推，还可以预备玩具吸尘器、割草机等。这个时候父母一定要注意孩子的安全。

尊重孩子发展的时间表

父母要为孩子预备环境协助孩子运动能力的发展，鼓励孩子练习他已经掌握或刚刚掌握的技能，不要因孩子到了某个年龄段还没学会某个运动就着急让孩子学那个姿势。我们常说"七坐八爬"，到了7个月孩子还不会坐或坐不稳时，父母先别急。通常时间表只是大致的，有的孩子可能发展得早一点，有的孩子可能发展得晚一点，每个孩子有自己的时间表。

不要急着为孩子解围

孩子在成长过程中遇到一点挫折，父母不要急于前往解救，而是观察事态的发展。如孩子爬到桌子下面，孩子面前是椅子腿儿，先别急着把椅子挪走，孩子也许左试试、右试试，自己就爬出来了；如果孩子真的爬不出来了，而且很生气，甚至大哭，父母就应该过去帮帮忙。再如，刚蹒跚走路的孩子摔坐在地毯上，父母不要出声，孩子可能哭两声就起来继续走；若父母大喊大叫，并跑过去抱住孩子，可能会把孩子吓着。

注意孩子的安全

家长一定要注意这个年龄段孩子的安全。

（1）由于孩子处于动态，并且孩子对周围事物充满了好奇，所以易碎、贵重及危险的物品要放到高处。

（2）房间里的地上不要堆放太多的玩具，以免影响孩子行走。

（3）要注意小东西，因为孩子9个月后就能用手指捏起，很可能会放到嘴里吃。
注意地板、地毯及
孩子够得着的地方
不要放置小物件，
防止孩子误吞误食。

（4）墙上的插
销要用塑料盖盖
起来。

（5）茶几、餐
桌暂时不要放长桌布，因为孩子会拽桌布而把桌子上的热水杯或其
他物件一同拉下来。

（6）家里的洗涤剂、除虫剂等一定要放到孩子够不到的地方。

（7）买东西的塑料袋不要让孩子拿来玩，以免孩子把袋子套在头上发
生危险。

（8）带孩子坐车外出时要准备一个儿童座椅，一定不要抱着孩
子坐在副驾驶的位置。若没有儿童座椅，要让孩子坐在后排并一定
要系上安全带，否则一旦发生事故会有生命危险。

1.5~6岁孩子的家庭环境布置

门口处

门口处准备一个小衣架，或在墙上孩子够得着的高度钉一块木
板，在木板上钉几个衣帽挂钩，使孩子一进门脱掉外套、帽子或围

巾时可以马上自己挂起来。出门时，尽量让孩子自己穿戴衣帽。在衣挂旁挂一面小镜子，供孩子穿戴衣帽时使用。在衣挂下方或附近放一个鞋架（可全家一起用），鞋架旁放一张小椅子（或小板凳），孩子穿鞋、脱鞋时用。2岁左右的孩子很难分清左右脚，按孩子的脚形在纸板上描下孩子的左右脚，用胶带将纸板贴在小椅子前的地上，孩子坐在小椅子上把鞋放到脚印上去穿就不会出错。或者在两只鞋的里面做个记号，两个记号挨在一起就对了。父母出门前要安排好时间，预算多出10分钟~15分钟，给孩子充分的时间穿鞋穿衣。

厨房

在厨房的水池处放一个坚固的踏脚凳，使孩子可以够得着水龙头。孩子的碗筷放在碗柜里的低处，使孩子可以自己把碗筷拿出或放回。在放垃圾桶的地方钉一个类似挂衣板一样的木板，上面挂抹布、小扫把、小簸箕。地弄脏了，让孩子自己来扫；不小心把牛奶洒到地上，让他自己来擦。如果厨房空间够大，可以放一套小桌椅，孩子可以在此吃饭或吃点心。孩子1.5岁或2岁时就让他自己吃饭，3岁时让他自己拿碗筷，3.5岁或4岁学习洗碗筷、擦桌子。父母不要怕孩子吃得到处都是,这是一个很好的学习机会,能培养孩子的手眼协调能力,以及自信、独立的能力。

只要你稍加用心,厨房就会变成学堂。因取水、倒水方便,又不用担心水洒在地毯上,所以很多与水有关的活动最好在厨房进行。父母在厨房忙着做饭,就让孩子忙他自己的"工作",如日常生活中使用量杯的活动等。父母做面食时别忘了揪一块面给孩子,再加一个小擀面棍儿、小塑料刀,让孩子做自己喜欢的面食。

孩子都喜欢帮忙,父母要给他机会,尽管有时他会越帮越忙;孩子和父母一起做事,不但学习了生活技能,如洗水果、擦桌子、扫地等,还可以在不知不觉中学到很多知识。举一个例子,做饭。用笔写下该买的东西,告诉孩子第一步是买菜,根据你的时间安排把该买的东西写下来,可一周一次或两周一次,把要做的事写下来,需要时拿出来读,然后去买相应的东西,让孩子感受到听、说、读、写是连在一起的,并且与实际生活息息相关。父母在写需要购买的物品名称时尽量让孩子参与,父母一边写一边念出声来,让孩子体会其中的乐趣。

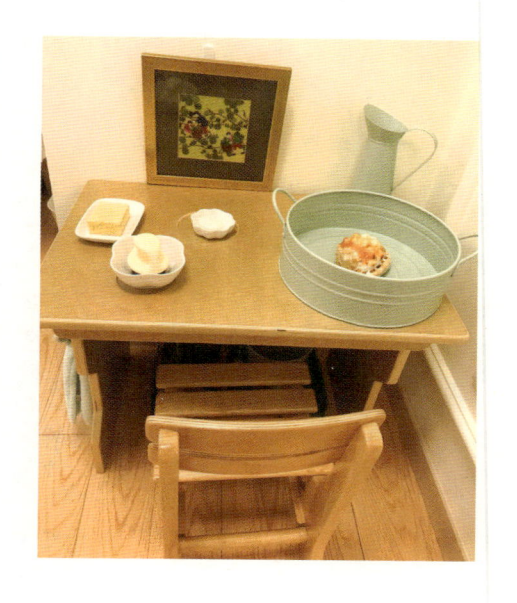

带孩子买菜

首先拟定购物单。例如,蔬菜:西红柿、青椒、芹菜、菠菜、茄子。水果:苹果、梨、香蕉、葡萄。肉类:鸡肉、猪肉、牛肉、羊肉。主食:大米、面粉、红豆。调料:盐、料酒、油、糖、醋等。根据家里的实际需要来写,边写边说让孩子对食物分类有印象,再逐渐加上量词,如3个西红柿、2根黄瓜、5斤苹果、1袋面粉等。开始时父母写,之后让孩子一起写,五六岁的孩子练习写时,不会的字可用拼音代替,三四岁的孩子可用画代替。写完购物单后,和孩子一起去购物。到了菜市场后,拿出购物单,按照单子上的顺序去采买。告诉孩子我们先去买菜,我们需要买西红柿、青椒,然后买水果。在购物过程中,让孩子学习物品的分类、颜色。如帮妈妈拿几个红苹果放到袋子里,帮妈妈拿几颗绿苹果、几根黄香蕉、几颗紫茄子等。让孩子了解触觉,如苹果摸起来好光滑,橘子的皮不光滑、麻麻的。偶尔和孩子玩猜测游戏,如4个橘子多重,1斤苹果有几个,1斤葡萄有多少个等。数一数,称一称,看谁猜的更接近。还可以猜猜食物的味道,如这个黄苹果是甜的还是酸的?回到家里拿出1颗黄苹果放到一边,并把这颗苹果洗干净,切开尝一尝,看看谁说得对。以上这些活动一定要在轻松、愉快、自然的情形下进行,要把孩子当作你的一个小忘年交,而不是小学生,最好把要教孩子的想法抛到脑后,只想着怎么玩。寓教于乐是最好的方法,孩子要帮忙一定要给他机会。通常孩子都是非常乐意

> 和父母一起出门的,若孩子不想去,就不必勉强。把食物买回来后,可以让孩子帮忙往冰箱里放。同样可以和孩子边放边做游戏。

卧室

卧室是比较私密的地方,让孩子知道未经允许不能随便进入别人的卧室。即使是家人,如父母、爷爷奶奶的卧室也要敲门经允许后方可进入。

1. 卧室布置

卧室是休息的地方,所以卧室的布置要简单、幽静而整齐。墙的颜色要柔和不刺眼。乳白色是任何人都可以接受的颜色。如果用墙壁纸,不要用太花、太夸张的图案,那样的图案会使人眼花缭乱;也不要用太鲜艳的颜色,太艳的颜色会使人烦乱、不安,不利于孩子入睡。房间里的东西不要太多,要整齐、有序,符合孩子对顺序敏感期的需要,使孩子有安全感,适得其所。

孩子刚会走路时,可以预备一个矮床放在地上(可用席梦思床垫代替),这样孩子可以自由地上下床,方便又安全。台灯放到孩子可以自行开关的高度。床头放一个小音响,孩子入睡时放睡眠音乐给他听。在床的旁边布置一个读书角。

墙上不要挂太多东西,那样会分散孩子的注意力,而要挂些质地好的名画或有艺术价值的作品。挂的高度应该是孩子眼睛平视的高度,因为艺术品是挂给孩子看的,要让孩子不必仰头而在他视觉的水平线上就可以看到。

一幅简单的名画，通过多变的色泽、线条、比例和造型汇集在版面上表现人物的内心感觉，富有动感。而广告作品或卡通画就鲜有这样的效果。父母和孩子一起看、一起谈论这些艺术品，可以培养孩子的观察能力和对艺术的鉴赏能力。例如，有的画是由不同层次的颜色组成，可以和孩子一同辨认不同层次的颜色所要表达的意境，并且看是不是有一种颜色最突出。有的画是用不同的线条构成的，可以和孩子用手指描绘里面的线，有的是直线，有的是曲线，有的是锯齿线，有的是波浪线。观察线条的粗细，辨析清楚还是模糊。有的作品有不同的人物，看一看他们在做什么。根据他们的表情及他们的服装等特点，判断一下他们可能在想什么，或在说什么。尝试想象作品在叙述的故事场景，是高兴的、恐怖的、滑稽的、严肃的还是一个谜。

《向日葵》 梵高

2. 读书角

　　在卧室的一角放一块小地毯，靠墙放两三个枕头。在地毯的一侧放一个小书架或一个小筐。书架上放几本孩子最喜欢读的书。睡觉前父母和孩子依着枕头,或孩子坐在父母的腿上一起读故事是最好的亲子活动。温馨的环境、轻松的气氛,温暖、被爱的感觉,会让孩子觉得读书是一件乐事,甚至他长大成人后,这段美好的时光也会留在他的记忆里。

(1)为孩子挑选图书。

给孩子买书特别是头几本书,要买质量好、内容适合孩子年龄的,画面清晰、简单又美观的书。每页的字数不要太多,但文字要优美、流畅。重复、押韵的句子小孩子最喜欢。在孩子的书架或书筐里至少要有一本是童谣、一本是故事书。

6岁以下孩子的书主要以事实为主,也就是说故事的情节最好是他周围发生的事情,帮助他认识、了解、领会这个奇妙、丰富、亲切又真实的世界,开阔他的视野。发生在家里、学校、商店、医院等孩子熟悉的场所

的故事，能让孩子巩固已有的知识并加以扩展，并让孩子预测生活中将发生的事，从而建立孩子的安全感。例如看医生，看过医生的孩子都害怕医生，认为医生打针很痛。通过读一些医疗知识方面的书让孩子了解到，生病了就要去医院看病。这些医生帮我们解除病痛，给我们打针、吃药，是为了让我们的身体快点好。他们很友好，也值得我们尊重，从而让孩子再去看病时减少对医生的恐惧，甚至喜欢医生。孩子没有成人的领悟力，所以要记得，成人司空见惯的人、事、物，对孩子来讲却是新奇的、陌生的。孩子有这些真实的生活做铺垫、做素材，然后才能发展想象力和逻辑思维能力。

3岁以下的孩子喜欢图画书，他们喜欢在书中看到日常生活中常见的物品、环境以及动植物。他们以为成人读书时看图画并说出的话是大人们自己的话，而不是书面上的字，所以有必要边读边用手指指着书面上的字读，让孩子意识到父母在读书中的字，不过孩子是逐渐领会的，直到有一天孩子意识到那些字是通过眼睛进入大脑，再通过嘴巴讲出来。4岁以上的孩子理解力不断提高，故事的内容也不再是单一情节。他们对别人的生活或发生的事感兴趣，所以书里的句子不仅是一句话，而且插图的分量也在逐渐减少。五六岁的孩子对幽默故事、笑话及侦探故事开始产生兴趣，喜欢做实验、做东西。

（2）睡前给孩子读故事。

书架或书筐里的书不要太多，四五本就好，其他书放到高处的书柜里，隔一两个星期换一次，但孩子特别喜欢的一两本书不用换。睡前故事书可有多项选择：故事书、笑话集、看图识字、童诗、童谣等。睡前故事要选你和孩子都喜欢的书，如果你不喜欢书的内容，读起来就没劲儿，孩子会感觉得到。获奖的儿童书、儿童杂志总是值得一读的。在读书的过程中，孩子会参与，如帮忙翻书页。有的书读的次数多了，当父母读上半句时，孩子会接出下半句，此时父母要鼓励孩子这样做。逐渐地，孩子会拿起这本熟得可背下来的书一个人读了。有时孩子会提一些问题，如"小白兔为什么哭了"等，父母要和孩子一起从书中找答案。亲子共读不但能丰富孩子的词汇量，增加孩子的基本常识、为人处世的知识，激发他们的想象力、思考能力和推理判断力，而且能让他们从书中找到乐趣、找到答案，从而丰富他们的生活内容。

父母不但要给孩子读书，培养孩子对读书的兴趣和乐趣，而且自己也要经常读书，给孩子做出榜样，让孩子看到读书对父母很重要，并且父母也很享受读书的过程。最好安排出一段半个小时左右安静的时间，不开电脑、电视，没有客人打扰，全家人在一起各自读自己的书或杂志，孩子也可以做其他活动，让他知道这段时间需要安静，不可以大声喊叫。建议这些活动安排在孩子准备上床前。读完书后孩子洗漱，穿上睡衣，妈妈或爸爸给他讲或读睡前故事，或给孩子放催眠曲（钢琴曲等），让孩子安静入睡。

作者提醒

很多孩子会不停地让家长读一本，再读一本……有的父母很高兴，以为孩子爱读书、爱学习，其实很多孩子是以此为借口来推延睡觉的时间。所以父母从开始就要立下规矩，每晚只读一本、两本或三本等。这不是三天打鱼两天晒网的事，要坚定持续并成为习惯，这样父母就不会常常为"再读一本书"而左右为难了。

从小就要教导孩子爱护图书，要轻轻地翻书，一页一页地翻。

用拇指和食指掀开书的右页，翻到书的左边，轻轻地用手抚平书页。书看完后要放回原处，不可以随便乱扔。

逢年过节，亲朋好友总是会给孩子买好多礼物，可建议他们给孩子买书。

孩子过生日时，带孩子去书店给孩子买几本新书是最好的生日礼物。

3. 衣橱

在房间里合适的地方放一个衣橱，将孩子的内外衣服、袜子分好类放到衣橱下面的抽屉里，抽屉外贴上标签。每次洗完衣服后和孩子一起分类、折叠，如袜子配对，叠裤子时一条裤腿对另一条裤腿折叠好，然后按标签放入相应的抽屉里。睡觉前让孩子选择喜欢的衣服放在床头，第二天起床时穿。

孩子在两三岁就开始注意自己的形象了，特别是小女孩，开始模仿大人打扮自己，挑漂亮衣服穿。这并非不健康的表现。爱美是人的天性。但美包括内在和外在的，所以不要鼓励孩子太注重自己的外表。太漂亮的衣服有时会掩盖孩子本身的特点，使人看到孩子时会夸奖他的服饰而非孩子本身，无意中会给孩子一个错误的信息："装饰比人更重要。"也不要给孩子买太贵或有太多装饰的衣服，轻便、简单的衣服更适合孩子无拘无束地玩耍和轻松自在的天性。

父母要帮助孩子学习自己穿衣服，整理自己的衣服，如脏衣服脱下后要放到脏衣筐里。还要帮助他们学习不同的场合穿不同的衣服。例如，去婚礼宴会等正式场合要穿端庄的衣服，去人家做客要衣着整齐，去运动或在外面玩儿时要穿行动自如的衣服，在家则穿轻便、柔软的衣服。孩子从小就有这样的意识，长大后穿衣、装饰也会得体、合宜。

为孩子购买衣服及指导他们穿衣时要注意以下问题：

（1）选择孩子可以自由活动，舒服、易穿，合乎季节和孩子身份的衣服。

（2）衣服不必买太多，够用就好，让孩子简单生活。

（3）让孩子找衣服的商标、拉锁或扣子等来辨认衣服的正反面。

（4）在拉锁的上面放一个大的曲别针，让孩子更容易拉起。

（5）大衣、夹克的特殊穿法。把大衣或夹克放到地板或矮桌子上，让孩子两个胳膊伸进相应的袖口里，双手向后扬起，越过头顶。孩子一旦学会后非常喜欢此方法。

（6）若买套头的衣服，领口不要太紧；衬衣的纽扣不要太小，扣眼也不要太紧，以便孩子穿脱。

（7）4岁以下孩子的裤子腰带一般用松紧带，4岁左右的孩子可以穿带拉链的裤子，孩子会用拉链后才穿带腰带的裤子（拉上拉链，系上腰带）。

（8）带背带的裤子看起来很可爱，但当孩子自己学穿衣裤时，先尽量避免，免得太复杂给孩子带来困扰。

孩子两三岁起就喜欢自己选要穿的衣服，这是很好的现象，但有两点家长要注意。第一，这个选择是在你规定的范围内，符合季节、场合。3岁以下的孩子很难判断哪件衣服是符合季节、场合的，父母要事先选择两三件让孩子选择其一，这样会避免很多不该发生的事情，如孩子在冬天却选夏天的衣服。这事在我们的幼儿园发生过，有一位很开明的母亲，她有个非常可爱又任性的孩子。有年冬天刚下过雪，母亲带她的女儿从车里下来走到教室。只见孩子穿着漂亮的长裙，光着腿，外面也没穿大衣，后面跟着妈妈。一进门看到老师惊讶的表情，妈妈就对老师说，看我们家这位小姐，这么冷的天却非要穿裙子。老师说，穿裙子可以，要穿冬天的厚裙子，而且要穿厚袜子和外套。妈妈却说，她不穿，我就让着她，等她去外面感到冷了，冻流鼻涕了就知道了。没等老师回答，她转身就走了。老师找到我把刚才的事告诉了我。我马上给这位母亲打电话，问她是否介意让孩子穿学校里多余的冬季衣服，不然孩子不能外出活动，并告诉这位妈妈，冬天孩子穿着保暖不冻病是父母的责任，孩子还小不可以用不合其年龄、超过其思考能力和推理范围的方式来让她承担不该有的责任。第二，不要给孩子太多的选择，对于3岁以下的孩子，给他两件选其中一件就可以了。因为这个年龄段的孩子思维还不够成熟，太多选择会带来困扰。3~6岁的孩子也不要超过3件衣服供其选择。若所有衣服孩子都不喜欢，父母就要帮他做决定。不能把选衣服变成无休止的要求，要让孩子明白自由是在一定限度之内的。

4. 浴室

浴室是洗澡、上厕所和梳洗的地方。很多孩子不喜欢洗澡，原因是父母用力搓洗，孩子嫩嫩的皮肤会感到痛，再就是洗头的洗发水刺得眼睛睁不开。如果孩子天天洗澡，父母轻轻搓洗就好了。其实孩子的天性是喜欢玩水的，把浴室的温度调暖和，在浴盆里放些不怕水的小鸭子等玩具让孩子玩，放一两个小杯子，孩子会舀水往自己头上浇。用洗发水时把一个适合孩子头围大小的塑料帽檐戴在头上，水就不会流到眼睛里了。

浴室的洗漱台前放一个坚固的踏脚凳，孩子洗手、刷牙时踩在上面。台子上在水龙头附近放一个长方形的小筐，里面放一个小茶杯，茶杯里面放小孩用的牙刷、牙膏。茶杯旁边放一个擦脸、擦手用的小毛巾和一盒擦鼻涕用的纸巾。在洗漱台旁边放一个垃圾筐，在其他合适的地方放一个孩子方便用的小马桶。

学习照顾自己的个人卫生及梳妆对幼儿来说是十分重要的。梳头、擤鼻涕等2岁左右就要教给他。父母可以给孩子买小孩用的牙刷、牙膏、小梳子、小毛巾，并建立固定的洗漱时间和顺序，养成良好的卫生习惯。

教孩子做个人卫生的活动要循序渐进，先让孩子看大人怎么梳头、洗脸、刷牙。父母事先做一遍，想一想如何把动作分解，示范的时候动作要慢。示范后手把手地教他一遍，然后让他做。孩子会非常愿意自己来，当然他需要很长一段时间才能掌握，所以你要和他轮班，如刷牙，让他先刷，然后说"该我来了"，再帮他或握住他的手同他一起把牙刷干净。挤牙膏对小孩来说是一件比较有挑战性的事，用多大的力气，挤多少都不是一下子能掌握的。开始让孩子拿着牙刷，家长把牙膏挤在上面，逐渐地让孩子试着挤。若孩子用力过猛挤出太多（通常是挤太少，因孩子手力小），不要责备孩子，也不可因孩子做不好而烦躁。要珍惜这段时光，庆幸自己能看到并参与孩子的成长过程，让孩子知道生活中到处都是学问。

我家就摆着一张很特别的照片，是二儿子学洗袜子时我给他拍的。如今他已经上大学了，每当看到这张照片时我都会有很多回忆，同时感叹时间如流水!

5. 活动室

活动室可以设在孩子的卧房,也可以利用客厅,具体可以根据家里的空间而定。

环境预备:3个适合孩子高度的书架,1套小桌椅。

在书架的上层放5个茶杯或5个小盒子。1个茶杯里放2支铅笔,1块放橡皮和削铅笔刀,1个放蜡笔,1个放彩笔或马克笔,1个放儿童剪刀和糨糊。

在第二层放2个大托盘,1个盘里放白纸,1个盘里放手工纸。这样孩子要写字、画画、做手工的材料都齐全了。这有点像自助餐厅,孩子根据需要去取材料,父母只需注意补充材料。让孩子自发地写写画画,家长不要干涉,不要对孩子指指点点,更不要让孩子按照大人的想法画特定的东西,那样孩子的学习热情会很快消失。

我们做家长的要懂得欣赏孩子的努力和他们的每件作品。从这些作品中,你会看到孩子的成长过程:开始孩子画一些圈圈,你问他,他可能告诉你那是妈妈、爸爸;然后过一段时间逐渐增加细节,你可能看到孩子把嘴巴画到鼻子上面,或没有耳朵;有时孩子会把太阳画成紫色的。那都无关紧要,不必要求孩子改正。你可以让孩子讲他画中的故事,你可能发现原来太阳画成紫色也是有道理的。孩子的故事无论多没有道理都不要纠正,大人认为没道理的对孩子可能很有意义。我们成人要以小孩子的视角看待孩子的作品。

家长对孩子应该有个要求,就是东西用完后要物归原处。可在小桌子旁放一个比一张A4纸大一点的盒子,方便孩子把他写的字、画的画、做的手工放到里面。父母可以每天或一周整理一次，和孩子一起选些作品写上日期收藏起来。

另外两个书架（顺着墙放）和第一个书架并排放置。其中一个书架第一层放两三个拼图（从左到右由易到难），第二层放一小筐或一小篮子积木，积木的数目先少量再不断加多，再由大的换成小的，难度不断增加。

第三个书架的第一层放孩子喜欢的玩具。一次只整齐地摆几个，其他的玩具先收起来，过一段时间再换，以保持秩序感和孩子对玩具的新鲜感。第二层放儿童读物。

在书架旁放一个可卷起来的工作毯或放一块固定的小地毯。孩子可坐在工作毯上玩积木或玩具。这样不但保持了环境的整洁，还有利于孩子注意力的培养。

三个书架的上层都可以放家人的照片。花盆、录音机、电子琴等可放在活动室的一角，还可以预备一个过家家角，放些儿童厨具、餐具等，隔段时间再换些道具，以激发孩子的想象力，最好能常常邀请小朋友一起来玩。

0~3岁的孩子适合读哪些绘本？看看你给孩子读过几本

信息时代的年轻妈妈们越来越重视孩子的素质教育。绘本的普及推广无疑丰富了孩子们的生活，开阔了孩子们的视野。可是3岁以内的孩子该读什么绘本？给孩子选哪些书一直是妈妈们常问的问题。下面我们就先介绍10本适合0~3岁孩子阅读的绘本，供妈妈们参考。

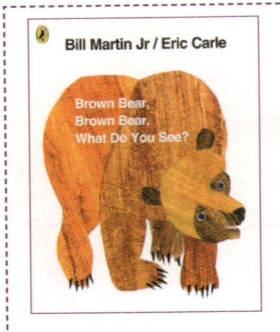

1. 棕熊，棕熊，你看到了什么

Brown Bear, Brown Bear, What Do You See？·充满了幽默和诙谐。没有哪本书比这本书更适合与孩子一起一遍遍地阅读了。押韵、重复的语句朗朗上口，易读、易记。

2. 晚安，月亮

Goodnight Moon·睡前故事书的首选，是美国家喻户晓、经久不衰的图画书，是父母和孩子的最爱。原来房间里有这么多有趣的东西可以对他们说晚安。内容朗朗上口，孩子很快会和家长一起读。

3. 猜猜我有多爱你

Guess How Much I Love You·小兔子不知道如何用语言向爸爸表明他的爱，于是玩起了"我爱你更多"的游戏，直到睡着了。和孩子试一试这个游戏。

4. 拍兔兔

Pat the Bunny·可以做许多事：可以闻花香，可以和周围的事物互动。故事帮助孩子睁大双眼去看周围美丽的世界，鼓励孩子去探索、去发现。

5. 永远爱你

Love You Forever·古老的故事充满了情感和幽默。"我会永远爱你，一直爱着你。"每晚，妈妈哼唱给她儿子听，从婴儿到成人。结尾角色互换，儿子抱着年迈的妈妈说着同样的话。后来儿子有了自己的女儿，对女儿做同样的事。

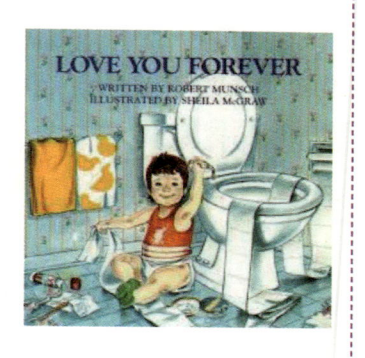

6. 儿童视觉艺术——妈妈与我

这本书是本人根据母亲和孩子间的情感联结关系的教育理念，加上本人做妈妈的经历编写的，配上名画和点读笔里的名曲，感动了无数母亲。

7. 大卫，不要

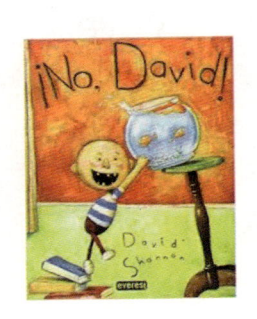

No, David！·大卫在父母的眼中是个不乖的孩子，可是当父母和孩子们睡前一起读这个不乖小孩的故事时总是充满了笑声。

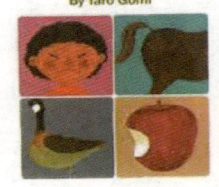

8. 每个人都大便

Everyone Poops·科学、幽默、诙谐。这本书是写给正在训练大小便的孩子们的。

9. 你是我的妈妈吗？

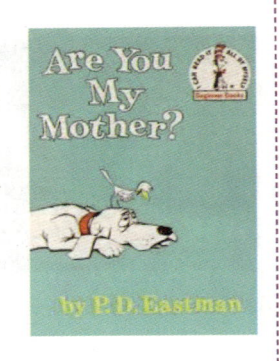

Are You My Mother？·一本可爱的"小鸟找妈妈"的故事书。当一只小鸟宝宝要破壳而出的时候，鸟妈妈赶紧去为这只要出生的小鸟找食物。鸟妈妈刚离开，小鸟就破壳而出了。于是它就开始了它的寻母之旅。虽然它不知道妈妈长什么样子，但它还是坚持去找妈妈。它遇见了小猫、母鸡、狗和一台推土机。本书语句简单、有趣，讲述了一个体现妈妈和孩子情感联结的温馨小故事，适合妈妈读给0~3岁的孩子听，3岁以上的孩子可以自己阅读。

10.儿童视觉艺术——观察篇

美国著名心理学家樊兹等通过实验发现，孩子喜欢看对比颜色，特别是黑白色的对比。婴儿则更喜欢看有规则变化的图案。本人根据这些研究结论和他们当时实验用的图片，设计和编写了这本《儿童视觉艺术——观察篇》，包括视觉黑白、视觉彩色和视觉名画。这本书采用粘贴、印涂、撕画等手法，还配有歌谣、小游戏和专家提示。

第三章
婴幼儿的发展

我们对待新生儿的态度，不应该是出自我们的同情，而是出自我们对创造奇迹的崇敬。因为就在这一刻，一个超越我们认知范围，一个具有灵性的生命诞生了。

——蒙台梭利

第一节　0~6岁孩子的发展里程碑

您的宝宝2个月大时

这个年龄段的宝宝会做什么

社交/情绪
- 可以暂时让自己平静下来
- 可能将手放在嘴里并吮吸手指
- 开始对人笑
- 试着朝父母看

语言/交流
- 嘤嘤低语，发出咕噜声
- 朝着声音转头

认知（学习、思维、解决问题）
- 注意面部表情
- 如果活动没有变化，会开始觉得厌烦（哭、生气）
- 开始用眼睛跟随事物，并能在稍远一些的距离认出人

您如何帮助您的宝宝发育
- 喂养、穿衣和洗澡时，拥抱、说话，并与您的宝宝玩耍
- 帮助您的宝宝学习如何让自己平静下来，例如让他吮吸自己

的手指
- [ ] 开始帮助您的宝宝养成好习惯，例如在晚上而不是白天睡觉，并有规律作息
- [ ] 知道宝宝喜欢什么，不喜欢什么
- [ ] 当宝宝发出声音时，表现兴奋并对宝宝笑
- [ ] 偶尔模仿宝宝的声音，但同时使用明确的语言
- [ ] 注意宝宝不同的哭声，以便您知道他想要什么
- [ ] 与宝宝说话，给他读书和唱歌
- [ ] 玩躲猫猫，同时陪伴宝宝玩躲猫猫游戏
- [ ] 在宝宝的婴儿床上放上一面正对婴儿且安全的镜子，以便他可以看到自己

运动／身体发育

- [ ] 宝宝俯卧时，会抬起头并开始俯身撑起
- [ ] 宝宝会用手臂和腿做出更流畅的动作

如果您的孩子有以下情况，请咨询孩子的医生并及时采取行动

- [ ] 对很响的声音没有反应
- [ ] 不会将手放在嘴巴里
- [ ] 物体移动时没有看它们
- [ ] 不会俯身撑起身体并抬头
- [ ] 不会对人笑

您如何帮助您的宝宝发育

- [ ] 和您的宝宝一起看图并谈论它们
- [ ] 宝宝醒来时，让他俯卧躺在床上，并把玩具放在他旁边
- [ ] 将玩具置于宝宝眼前的视线高度位，鼓励宝宝抬起头
- [ ] 将玩具或摇响器置于宝宝的头部上方，鼓励他伸手去拿

☐ 让宝宝在地板上站直。当他站直时，给他唱歌或跟他说话

您的宝宝 4 个月大时

这个年龄段的宝宝会做什么

社交／情绪

☐ 自发地笑，尤其会对人笑
☐ 模仿某些动作或面部表情，例如笑或皱眉头
☐ 喜欢和别人玩，停止玩耍时可能哭

语言／交流

☐ 开始牙牙学语
☐ 牙牙学语时带有表情并会模仿他听到的声音
☐ 以不同的方式哭，以表达饥饿、疼痛或疲劳

您如何帮助您的宝宝发育

☐ 抱着宝宝并和他说话，同时对宝宝微笑并表现得很愉快
☐ 制订睡觉和喂养的常规方式
☐ 注意观察您的宝宝喜欢和不喜欢什么，您将知道如何最有效地满足他的需求，以及如何让您的宝宝快乐
☐ 模仿宝宝的声音
☐ 当宝宝发出声音时，表现兴奋并对宝宝笑
☐ 在安静的游戏时间给宝宝读书或唱歌
☐ 让宝宝玩适合其年龄的玩具，例如摇响器或彩色图片
☐ 玩游戏，例如躲猫猫

- ☐ 将玩具放在宝宝附近,以便他可以拿到它们并用脚踢

认知(学习、思维、解决问题)

- ☐ 让您知道他快乐或难过
- ☐ 对情感作出回应
- ☐ 用一只手拿玩具
- ☐ 同时使用手和眼睛,例如看到一个玩具并伸手拿它
- ☐ 目光跟随移动物体从一边转到另一边
- ☐ 注意观察面部表情
- ☐ 可以从稍远的距离认出熟悉的人和物

运动/身体发育

- ☐ 保持头部稳定而不用支撑
- ☐ 双脚置于物品硬表面时会下压腿
- ☐ 可以从肚子到背部进行上下翻身
- ☐ 可以拿着玩具并摇晃它,以及摇晃悬挂着的玩具
- ☐ 将手放在嘴巴里
- ☐ 俯卧时会俯身撑起

如果您的孩子有以下情况,请咨询孩子的医生并及时采取行动

- ☐ 物体移动时没有看它们
- ☐ 不会对人笑
- ☐ 不能保持头部稳定
- ☐ 不会咿咿低语或发出声音
- ☐ 不会将东西放到嘴巴里
- ☐ 双脚置于物品硬表面时不会下压腿
- ☐ 将一只或两只眼睛向各个方向转动时有困难

您如何帮助您的宝宝发育

- ☐ 将玩具或摇响器放在宝宝手中,并帮助他拿着
- ☐ 将宝宝的双脚放在地上,让宝宝保持直立,帮助他"站立"时,给他唱歌或对他说话。

您的宝宝 6 个月大时

这个年龄段的宝宝会做什么

社交／情绪
- [ ] 认识熟悉的面孔并开始知道谁是陌生人
- [ ] 想要和别人玩耍，特别是父母
- [ ] 对其他人的情绪作出反应，并经常看起来很开心
- [ ] 喜欢照镜子看自己

语言／交流
- [ ] 通过发出声音对声音作出回应
- [ ] 发出的咿哑声（"啊""嗯""哦"）时将元音串在一起，并喜欢和父母轮流发出声音
- [ ] 对自己的名字作出反应
- [ ] 发出声音以表达愉快或不愉快的情绪
- [ ] 开始说辅音（快而含糊地说出"m""b"等）

您如何帮助您的宝宝发育

- [ ] 每天在地板上和宝宝玩
- [ ] 学会判断宝宝的心情。如果他快乐，继续做您正在做的事；如果他不高兴，休息一下并安慰宝宝

- [ ] 当他不高兴时，教他如何安慰自己。他可能吸吮手指以自我安慰
- [ ] 玩"交互"游戏：当宝宝笑时，您也笑；当宝宝发出声音时，您模仿这些声音
- [ ] 重复宝宝的声音，并用这些声音说简单的词。例如，如果宝宝说"bah"，您可以说"bottle"或"book"
- [ ] 每天给宝宝读书。当他牙牙学语并"阅读"时，给他鼓励
- [ ] 当宝宝看某件东西时，指着它并谈论它
- [ ] 当他的玩具掉在地上时，捡起来并还给他。这个游戏可以帮助他了解原因和结果
- [ ] 给宝宝读有彩图的书

认知（学习、思维、解决问题）

- [ ] 开始观察周围的事物
- [ ] 对事物表现出好奇心，并试着拿自己拿不到的东西
- [ ] 能将东西放到嘴巴里
- [ ] 开始将东西从一只手传到另一只手

运动／身体发育

- [ ] 能朝不同方向翻身
- [ ] 站立时，用脚支撑身体并会跳起来
- [ ] 开始坐着不用支撑
- [ ] 前后摇摆，有时在向前移动再向后爬

如果您的孩子有以下情况，请咨询孩子的医生并及时采取行动

- ☐ 不会试着拿可以拿到的东西
- ☐ 对照顾者没有感情
- ☐ 对他周围的声音没有反应
- ☐ 难以把东西放到嘴巴里
- ☐ 不会发出元音（如："啊""嗯""哦"）
- ☐ 不会朝不同方向翻身
- ☐ 不会笑或发出尖叫声

您如何帮助您的宝宝发育

- ☐ 向宝宝指出新的物品并说出它们的名称
- ☐ 给宝宝看杂志中明亮的图片并说出它们的名称
- ☐ 宝宝坐着时举起他，让他观察四周并在他保持平衡时给他玩具看
- ☐ 让宝宝俯卧或仰卧，并将玩具放在他拿不到的地方
- ☐ 鼓励他翻身去拿玩具

您的宝宝 9 个月大时

这个年龄段的宝宝会做什么

社交／情绪

- ☐ 可能怕陌生人
- ☐ 有喜欢的玩具
- ☐ 可能缠着熟悉的成年人

语言／交流

- ☐ 理解"不"
- ☐ 发出许多不同的声音，例如"mamamama"和"babababa"
- ☐ 模仿其他人的声音和动作
- ☐ 用手指指着东西

您如何帮助您的宝宝发育

- ☐ 注意宝宝对新情况和人的反应，试着继续做让宝宝高兴和舒服的事情
- ☐ 当他四处走动时，一直跟在他身旁，让他知道您就在身边
- ☐ 继续遵循惯例
- ☐ 玩"轮到我，轮到你"的游戏
- ☐ 说出您认为的宝宝的感觉。例如，你很难过，让我们来看看能否让你感觉好点
- ☐ 描述宝宝正在看的东西，例如，红色圆球
- ☐ 当宝宝指着某件东西时，谈论他想要的是什么
- ☐ 模仿宝宝的声音和词语
- ☐ 要求宝宝做出您期待的行为。例如，与其说"别站着"，不如说"现在可以坐下了"
- ☐ 通过向前和向后滚球，推玩具汽车和卡车，并将积木放入或取出容器，教宝宝了解因果关系

认知（学习、思维、解决问题）

- ☐ 某件东西掉落时会观察它的路径
- ☐ 看到您藏起来的东西，他会找出来
- ☐ 玩躲猫猫游戏
- ☐ 将东西放在嘴巴里
- ☐ 平稳地将东西从一只手换到另一只手
- ☐ 用拇指和食指捡起谷物等东西

运动／身体发育

- ☐ 保持站立姿势
- ☐ 坐好不用支撑
- ☐ 爬行
- ☐ 可以坐
- ☐ 爬着站起来

如果您的孩子有以下情况，请咨询孩子的医生并及时采取行动

- ☐ 有支撑时腿部无法承重
- ☐ 无法在别人的帮助下坐好
- ☐ 不会牙牙学语（"妈妈" "巴巴" "爸爸"）
- ☐ 不会玩反复玩过的游戏
- ☐ 对自己的名字没有反应
- ☐ 似乎认不出熟悉的人
- ☐ 不会朝您手指的方向看
- ☐ 不会将玩具从一只手换到另一只手

您如何帮助您的宝宝发育

- ☐ 玩躲猫猫和捉迷藏游戏
- ☐ 给宝宝读书并和他／她说话
- ☐ 给宝宝提供足够的空间，让他／她在安全的区域内活动和探索
- ☐ 将宝宝放在他可以安全地往上拉的物体旁边

您的小孩 1 岁时

此年龄段的孩子会做什么

社交／情绪

- ☐ 对陌生人感到害羞或紧张
- ☐ 妈妈或爸爸离开时会哭
- ☐ 重复声音或动作以吸引别人的注意力

- □ 有喜欢的事物和人
- □ 在某些情况下会害怕
- □ 当他想要听故事时，会拿一本书给您
- □ 大人给他穿衣时他会伸出手臂或腿
- □ 会玩游戏，例如"躲猫猫"和"拍手游戏"

语言／交流

- □ 会对简单的口头要求作出回应
- □ 会使用简单的身体姿势，例如摇头表示"不"，摆手表示"再见"
- □ 说"妈妈"和"爸爸"并会发出"噢喔！"那样的惊叹
- □ 试着和您说话
- □ 会发出音调有变化的声音（声音更像讲话）

您如何帮助您的孩子发育

- □ 给您的孩子时间认识新的照顾者。带上喜欢的玩具、填充动物玩偶或毛毯以帮助、安慰您的孩子
- □ 对不正当的行为作出反应，坚决说"不"。不要吼叫、打屁股或长篇大论地解释。暂停30秒到1分钟可能有助于纠正孩子的行为
- □ 给您的孩子很多拥抱、亲吻，并表扬他的良好行为
- □ 花更多时间鼓励孩子好的行为而非惩罚不好的行为（与纠正不好的行为相比，用4倍的时间鼓励好的行为）
- □ 与您的孩子谈论您正在做什么。例如，"妈妈正在用毛巾给你洗手"
- □ 每天给您的孩子读书。让您的孩子翻页。与您的孩子轮流标记图画
- □ 以您的孩子所说或试图说的话或他指的东西为基础。如果他

指着卡车并说"卡"或"卡车",您可以说"是的,那是一辆大的、蓝色的卡车。"

认知(学习、思维、解决问题)

- ☐ 以不同的方式探索事物,例如摇动、敲击、投掷
- ☐ 能轻松找到藏起来的东西
- ☐ 说出名称时,看着正确的图片或物品
- ☐ 模仿姿态
- ☐ 将东西放入容器内,从容器内取出东西
- ☐ 会用两件东西相互敲击
- ☐ 开始正确使用物品,例如,用杯子喝水,梳头
- ☐ 在没有帮助的情况下自己能做好事情
- ☐ 会用食指戳(指点)
- ☐ 能遵循简单指示,例如"捡起玩具"

运动/身体发育

- ☐ 进入坐姿不用帮助
- ☐ 被拉起站立时,会扶着家具走路
- ☐ 不用扶可以自己走几步
- ☐ 可以单独站立

如果您的孩子有以下情况,请咨询孩子的医生并及时采取行动

- ☐ 不会爬
- ☐ 提供支撑仍无法站立
- ☐ 不会找出看到您藏起来的东西
- ☐ 不会用手指东西
- ☐ 学不会一些姿势,例如摆手或摇头
- ☐ 不会说简单的词,例如"妈妈"或"爸爸"
- ☐ 失去以前掌握的技能

您如何帮助您的孩子发育

- ☐ 给您的孩子蜡笔和纸,让他随意画画。向您的孩子演示如何向上

和向下画线并穿过整个页面。当他试图这样做时，给予表扬
- [ ] 玩积木或其他能够鼓励您孩子使用双手的玩具
- [ ] 藏起小玩具和其他东西，并让您的孩子找出它们
- [ ] 让您的孩子标记身体部位，或在开车时让他记住看到的东西
- [ ] 唱配合动作的歌，帮助您的孩子和您一起做动作，如"可爱小蜘蛛"和"公车上的轮子"
- [ ] 给您的孩子瓶瓶罐罐或小乐器，例如鼓或铙。鼓励您的孩子弄出声音
- [ ] 提供充足的空间让初学走路的孩子四处探索。（为防止小孩受伤，锁好清洁、洗衣、草坪护理和汽车护理产品，使用安全门并锁住通往室外和地下室的门）
- [ ] 给您的孩子推车玩具，例如，婴儿车或儿童手推车

您的小孩 18 个月大时

此年龄段的孩子会做什么

社交／情绪

- [ ] 玩耍时喜欢将东西拿给别人
- [ ] 可能会乱发脾气
- [ ] 可能怕陌生人
- [ ] 会对熟悉的人表达感情
- [ ] 会玩简单的假扮游戏，例如喂洋娃娃
- [ ] 在新的环境中会依赖照顾者
- [ ] 将感兴趣的东西指给别人看
- [ ] 父母在近旁时独自探索

语言／交流

- [ ] 说出几个单词
- [ ] 向别人指出他想要的东西
- [ ] 摇头并说"不"

您如何帮助您的孩子发育

- [ ] 提供安全、关爱的环境。始终一致和可预测是很重要的
- [ ] 表扬好的行为多于惩罚不好的行为（仅使用极短的暂停时间）
- [ ] 描述他的情绪。例如，"当我们读这本书时你很高兴"
- [ ] 鼓励玩假扮游戏
- [ ] 鼓励情感移入。例如，当他看到一个伤心的小孩，鼓励他去拥抱或轻拍这个小孩
- [ ] 读书并使用简单的词谈论图片
- [ ] 模仿小孩使用的词汇
- [ ] 使用描述情感和情绪的词
- [ ] 使用简单、清楚的短语
- [ ] 提出简单的问题

认知（学习、思维、解决问题）

- [ ] 知道普通物品的用途，例如电话、梳子、汤匙
- [ ] 运用手指以引起其他人的注意
- [ ] 自己乱写乱画
- [ ] 指向身体部位
- [ ] 对洋娃娃或填充动物玩偶感兴趣，并会假装喂养它们
- [ ] 可以遵循一个步骤的口头命令，无须任何手势。例如，当您说"坐下"时会坐下

运动／身体发育

- ☐ 会独自走路
- ☐ 会爬楼梯和跑步
- ☐ 走路时会拖拉玩具
- ☐ 会自己脱衣服
- ☐ 会用杯子喝水
- ☐ 会用汤匙吃东西

如果您的孩子有以下情况，请咨询孩子的医生并及时采取行动

- ☐ 不会用手指东西给别人看
- ☐ 不会走路
- ☐ 不知道熟悉用品的用途
- ☐ 不会模仿别人
- ☐ 不会学习新的词汇
- ☐ 掌握的单词不超过6个
- ☐ 当照顾者离开或回来时不注意或不在意
- ☐ 失去以前掌握的技能

您如何帮助您的孩子发育

- ☐ 将东西藏在毯子和枕头下，并鼓励他找出来
- ☐ 通过玩积木、球、拼图、书和玩具，教孩子认知原因和结果以及如果解决问题
- ☐ 尝试让他说出书中图画或身体部位的名称
- ☐ 提供鼓励假装游戏的玩具，例如，玩偶、电话
- ☐ 提供安全的场所让小孩四处走动
- ☐ 提供他可以安全推拉的玩具
- ☐ 提供他可以踢、滚和扔的球
- ☐ 鼓励他用自己的杯子喝水并使用汤匙，无论这样做会导致怎样混乱的局面
- ☐ 吹泡泡并让孩子刺破它们

您的孩子 2 岁时

此年龄段的孩子会做什么

社交／情绪

- ☐ 模仿其他人，特别是成年人和年龄较大的孩子
- ☐ 和其他孩子在一起时表现兴奋
- ☐ 表现得越来越独立
- ☐ 作出挑衅行为（做别人告诉他不能做的事）
- ☐ 开始接纳其他孩子，例如玩追逐游戏

语言／交流

- ☐ 别人说出物品或图画的名称时，会指认
- ☐ 知道熟悉的人的姓名和身体部位名称
- ☐ 会说含有 2～4 个单词的句子
- ☐ 遵循简单的指示
- ☐ 会说重复听到的单词
- ☐ 会指书中的东西

您如何帮助您的孩子发育

- ☐ 鼓励您的孩子在家里帮忙做简单的家务，例如扫地和做晚餐。赞扬孩子是一个家务好帮手
- ☐ 在这个年龄段，孩子们仍然会相互挨着玩（不是一起玩），

并且不愿意分享。在游戏日，给孩子很多玩具。密切关注孩子，如果他们打架或争吵应制止
- ☐ 关注您的孩子，当他遵循指示时予以表扬。不必过多关注挑衅行为。花更多的时间表扬好的行为而非惩罚坏的行为
- ☐ 教您的孩子识别身体部位、动物和其他平常事物并说出它们的名称
- ☐ 当您的孩子说话用词不当时，不要纠正他。相反，您应正确地说出那些话。例如，"那是一粒球"
- ☐ 鼓励您的孩子说出来而不是用手指。如果您的孩子不能说出整个单词（如"牛奶"），您可以发出单词的第一个音（"牛"）给他提示。一段时间后，您可以提示您的孩子说出完整的句子"我想要牛奶"

认知（学习、思维、解决问题）

- ☐ 找出藏在两层或三层覆盖物下面的物体
- ☐ 开始学习形状和颜色的分类
- ☐ 学习熟悉的书中的句子和儿歌
- ☐ 玩简单的假扮游戏
- ☐ 学习搭积木
- ☐ 可能习惯使用一只手多于另一只手
- ☐ 遵循两步指示，例如"拿起你的鞋子，并将它们放入鞋柜"
- ☐ 能说出图画书中物体的名称，例如猫、鸟或狗

运动/身体发育

- ☐ 足尖站立
- ☐ 踢球
- ☐ 开始跑
- ☐ 手扶扶手上下楼梯
- ☐ 在没有帮助的情况下在家具上爬上爬下
- ☐ 过肩举手扔球
- ☐ 画或复制直线和圆圈

如果您的孩子有以下情况，请咨询孩子的医生并及时采取行动

- ☐ 不知道如何做平常做的事情，例如刷牙、打电话、用叉子、用汤匙
- ☐ 不会模仿动作和词语
- ☐ 不会遵循简单的指示
- ☐ 不会使用两个字的短语（例如"喝奶"）
- ☐ 走路不稳
- ☐ 失去以前掌握的技能

您如何帮助您的孩子发育

- ☐ 将您孩子的玩具藏在房间里，并让他找出来
- ☐ 帮助您的孩子玩有形状、颜色或农场动物的拼图游戏。当您的孩子将拼图放在正确位置时，说出每块拼图的名称
- ☐ 鼓励您的孩子玩积木，轮流搭积木塔并将它们推倒
- ☐ 使用蜡笔、颜料和纸张，和您的孩子一起做手工。描述您的孩子做的手工，并将它挂在墙上或冰箱上
- ☐ 让您的孩子帮您开门或开抽屉，并在您看书或看杂志时帮您翻页
- ☐ 您的孩子学会走路后，让他帮您拿小件东西
- ☐ 和您的孩子玩踢球游戏。如果您的孩子喜欢踢球，鼓励他边跑边踢
- ☐ 带您的孩子去公园跑步，攀爬游乐设施或在通往自然景观的小径上散步。密切关注您的孩子

您的孩子 3 岁时

此年龄段的孩子会做什么

社交／情绪

- ☐ 模仿成年人和朋友
- ☐ 没有提示时，向朋友表达感情
- ☐ 轮流玩游戏
- ☐ 向哭泣的朋友表示关心
- ☐ 自己穿衣和脱衣
- ☐ 理解"我的"和"他的"或"她的"的概念
- ☐ 表达不同的情绪
- ☐ 较容易区分妈妈和爸爸
- ☐ 日常活动出现较大变化时会感到不高兴

语言／交流

- ☐ 遵循有两个或三个步骤的指示
- ☐ 可以说出多数熟悉物品的名称
- ☐ 理解"在……之内""在……之上"和"在……之下"等词的意思
- ☐ 可以说出名字、年龄和性别
- ☐ 能和陌生人很好地交谈，多数时间理解对话内容
- ☐ 会说"我""自己""我们"和"你"等词以及某些复数（汽车、狗和猫）
- ☐ 会使用 2～3 个句子与人交谈
- ☐ 可以说出朋友的姓名

您如何帮助您的孩子发育

☐ 与您的孩子玩团体游戏，或到其他地方和其他小孩玩，并鼓励您的孩子与他们相处

☐ 当您的孩子不高兴时，帮助他解决问题

☐ 与您的孩子谈论情绪问题。例如，您可以说："我看得出你很生气，因为你乱扔拼图碎片。"鼓励您的孩子认同书中所述的情绪

☐ 为您的孩子制定规则和限制，并使他们遵守。如果您的孩子违反规则，让他坐在椅子上或在他的房间待 30 秒到 1 分钟。孩子遵守规定时予以表扬

☐ 给您的孩子两个或三个步骤的指示。例如，"到你的房间，拿上你的鞋子和外衣"

☐ 每天给您的孩子读书，让您的孩子指着图片中的物品，并跟着您念

☐ 给您的孩子装有纸张、蜡笔和彩色图书的"活动箱"，和您的孩子一起涂上颜色、画上线条和形状

认知（学习、思维、解决问题）

☐ 会玩有按钮、杠杆和移动部件的玩具

☐ 会与玩偶、动物和人玩假扮游戏

☐ 会拼出 3 块或 4 块游戏拼图

☐ 理解"两个"是什么意思

☐ 用铅笔或蜡笔画圆圈

☐ 一次翻书一页

☐ 搭有 6 块以上的积木塔

☐ 旋上和旋下广口瓶盖或转动门把手

运动／身体发育

- ☐ 会爬
- ☐ 会骑三轮车（三个轮子的脚踏车）
- ☐ 会一脚一个台阶上下楼梯
- ☐ 跑起来很轻松

如果您的孩子有以下情况，请咨询孩子的医生并及时采取行动

- ☐ 经常摔倒，或爬楼梯有困难
- ☐ 流口水或讲话很不清楚
- ☐ 不会玩简单的玩具（例如：洞洞板、简单的游戏拼图、转动把手）
- ☐ 不理解简单的指示
- ☐ 不会说出完整的句子
- ☐ 不会进行眼神交流
- ☐ 不会玩虚构游戏或假扮游戏
- ☐ 不想和其他小孩玩或玩其他玩具
- ☐ 失去以前掌握的技能

您如何帮助您的孩子发育

- ☐ 玩配对游戏。让您的孩子在书中或房子周围找到相同的物品
- ☐ 玩数数游戏。您每天使用或看到的东西，比如，楼梯
- ☐ 抓着孩子的手上下楼梯。当他可以轻松地上下楼梯时，鼓励他使用扶手
- ☐ 和您的孩子外出游玩，到公园游玩或徒步旅行。允许您的孩子自己玩

您的孩子4岁时

此年龄段的孩子会做什么

社交／情绪

- □ 享受做新的事情
- □ 玩装扮游戏时越来越有创意
- □ 更喜欢和别的孩子玩,而不是自己玩
- □ 和其他孩子合作
- □ 玩"妈妈"或"爸爸"的游戏
- □ 经常不会区分什么是真的、什么是假扮的
- □ 谈论他喜欢和他感兴趣的事情

语言／交流

- □ 讲故事
- □ 凭记忆唱一首歌或念一首诗,例如"蝴蝶蝴蝶真美丽"
- □ 知道语法的某些基本规则,例如正确地使用"他"和"她"
- □ 可以说出姓氏和名字

您如何帮助您的孩子发育

- □ 与您的孩子玩假扮游戏。让他做首领并模仿他的动作
- □ 让您的孩子假装做可能让他紧张的、即将发生的事,例如上幼儿园或在祖父母家中过夜
- □ 给您的孩子简单的选择。让您的孩子选择穿什么、玩什么或吃什么点心,将选择限制在2个或3个

- ☐ 在游戏日,让您的孩子与朋友自己解决问题,但您应在附近,以便需要时提供帮助
- ☐ 鼓励您的孩子使用词语、分享玩具,并轮流玩彼此选择的游戏
- ☐ 给您的孩子用于构建想象力的玩具,例如服装、厨房套件和积木
- ☐ 使用正确的语法和您的孩子交谈。您应说"我要你到这边来",而不是"妈咪要你到这边来"

认知(学习、思维、解决问题)

- ☐ 可以说出某些颜色和某些数字
- ☐ 了解数数的概念
- ☐ 开始了解时间
- ☐ 记住故事的部分内容
- ☐ 了解"相同"和"不同"的概念
- ☐ 可以画一个有2~4个身体部位的人
- ☐ 可以使用剪刀
- ☐ 开始复写某些大写字母
- ☐ 会玩棋盘或纸牌游戏
- ☐ 告诉您书中接下来将要发生的事情

运动/身体发育

- ☐ 会单脚跳并用一只脚站立最长2秒
- ☐ 会倒水,在监督下可使用餐刀,并自己捣碎食物
- ☐ 多数时间可以抓住弹跳的球

如果您的孩子有以下情况,请咨询孩子的医生并及时采取行动

- ☐ 不会原地跳
- ☐ 涂写有困难
- ☐ 拒绝穿衣、睡觉和使用厕所
- ☐ 不理解"相同"和"不同"

- ☐ 对互动游戏或假扮游戏不感兴趣
- ☐ 忽略其他小孩或对家庭以外的人未作出反应
- ☐ 未正确使用"我"和"你"
- ☐ 不遵循部分指令

您如何帮助您的孩子发育

- ☐ 谈论日常活动时，使用"首先""其次"和"最后"等词汇。这将帮助您的孩子了解事件的顺序
- ☐ 花时间回答您的小孩的"为什么"问题。如果您不知道答案，您应说"我不知道"，或帮助您的小孩在书中或互联网上或从其他成年人那里找到答案
- ☐ 当您给小孩读书时，让他告诉您故事里发生了什么事
- ☐ 说出书中、图片中和家中的物品的颜色。数常见物品的数量，例如饼干、楼梯或玩具火车的数量
- ☐ 教您的小孩玩户外游戏，例如追鸭子、鹅等
- ☐ 播放您的小孩最喜欢的音乐，并和他一起跳舞。轮流模仿彼此的动作

您的孩子 5 岁时

此年龄段的孩子会做什么

社交／情绪

- ☐ 想要取悦朋友
- ☐ 表现得更独立（可能想拜访邻居，但仍需大人陪伴）

- ☐ 想要和朋友一样
- ☐ 更有可能遵守规则
- ☐ 喜欢唱歌、跳舞和运动
- ☐ 意识到性别差异
- ☐ 会区别什么是真的，什么是假扮的

语言／交流

- ☐ 能清楚地说话
- ☐ 能使用完整的句子讲述简单的故事
- ☐ 会使用将来时态，例如："奶奶将要来这里"
- ☐ 可以说出名字和住址

您如何帮助您的孩子发育

- ☐ 继续安排游戏日，去公园游玩或进行团体游戏。给孩子更多自由以选择活动并和朋友玩耍，鼓励孩子自己解决问题
- ☐ 您的孩子可能开始顶嘴或说脏话（骂人的话），这只是他感到独立的一种方式。不要对此太过在意，但可以暂停交谈一会儿。相反，如果您的孩子有礼貌地索要东西，并在遭到拒绝时平静对待，应予以表扬
- ☐ 这时是与您的孩子讨论安全触摸的好时机。告知孩子其他人不能触摸其隐私部位，除非医生或护士正在进行身体检查，或父母帮自己洗澡时
- ☐ 教您的孩子记住住址和电话号码
- ☐ 给您的孩子读书时，让他想象故事接下来会发生什么
- ☐ 鼓励您的孩子通过看图讲故事来"读书"

认知（学习、思维、解决问题）

- ☐ 会数 10 个或更多个物体
- ☐ 会端正地写出某些字母或数字

- [ ] 可以画一个至少有 6 个身体部位的人
- [ ] 会复制三角形和其他形状
- [ ] 知道每天使用的物品,例如钱和食物

运动/身体发育

- [ ] 能单脚站立 10 秒或更长时间
- [ ] 会单脚跳,也可以跳绳
- [ ] 会翻跟斗
- [ ] 会使用叉子和勺子,并偶尔使用餐刀
- [ ] 会自己使用厕所
- [ ] 会荡秋千和攀爬

如果您的孩子有以下情况,请咨询孩子的医生并及时采取行动

- [ ] 不会表达各种情绪
- [ ] 出现偏激行为(极度恐惧、好斗、害羞或难过等)
- [ ] 孤僻且不活泼
- [ ] 容易分心,难以专注于一种活动超过5分钟
- [ ] 不会画图
- [ ] 对人不会做出反应,或仅做出表面反应
- [ ] 不会区别什么是真的及什么是假扮的
- [ ] 不会玩各种游戏和进行各种活动
- [ ] 不会说出名字和姓氏

您如何帮助您的孩子发育

- [ ] 帮助孩子树立时间概念,例如早晨、下午、晚上,今天、明天和昨天,周一至周日的每一天
- [ ] 发掘孩子的兴趣。例如,如果您的孩子喜欢动物,您可以带他去动物园或宠物饲养场,去图书馆或浏览互联网以了解这些主题知识
- [ ] 准备一个方便装蜡笔、纸张、颜料、儿童剪刀和糨糊的盒子。鼓励您的孩子画画,并用不同的材料制作手工

- □ 给孩子玩玩具，鼓励他将东西组装起来
- □ 教您的孩子如何在荡秋千时向后和向前摆动腿
- □ 帮助您的孩子在猴架上攀爬
- □ 与您的孩子一起散步，在社区或公园玩寻宝游戏，辅助他骑自行车（戴上头盔）

您的孩子6岁时

体能

- □ 孩子可以很轻松地向后退行
- □ 孩子可以脚交替着上下楼梯而不需要任何帮助
- □ 孩子的大肌肉运动技能提高，他们可以翻滚，换着脚跳，很轻松地抓球
- □ 拥有更好的协调性使孩子能够跳跃，一只脚能平稳地站立至少10秒
- □ 较强的运动技能使孩子可以描图形、写字母，熟练地用剪刀剪东西，可以在图形里面涂颜色
- □ 这个年龄的孩子，是"左撇子"还是"右撇子"可以确定下来了

认知

- □ 孩子可以数数，并认识数字
- □ 孩子开始了解体积、量的概念
- □ 孩子了解白天和夜晚及它们与时间的关系

☐ 孩子开始理解时间的概念，有些孩子可以说出准确的时间
☐ 孩子明白日历是什么
☐ 孩子了解并可以认出不同硬币的价值
☐ 孩子能够识别字母表中的字母
☐ 孩子知道把东西分成两半是什么意思

语言

☐ 这个年龄的孩子知道大约 1500 个单字
☐ 孩子可以根据一本书中的图画重述故事
☐ 孩子可以根据目的、用途来解释物品是做什么用的。例如，自行车是用来骑行的，玩面团可以制作出不同的形状
☐ 孩子知道 4~8 种颜色的名称，并可以指认它们
☐ 孩子可以说出自己所住城市的名称、自己的出生日期和父母的名字
☐ 孩子能够正确地应答电话
☐ 孩子可以使用过去式的不规则动词，例如"去过""捉住了"

社会和情感

☐ 孩子能够分享、轮流和分组玩
☐ 孩子更多地参与游戏，包括角色、道具和服装
☐ 孩子对他人，特别是较小的孩子或受伤的孩子表现出满满爱心
☐ 孩子通常遵守要求，并遵循指示
☐ 这个年龄的孩子已经可以更好地控制自己的情绪
☐ 孩子会为他们自己的成就感到自豪

注：本小节 0~5 岁孩子发展里程碑内容选自美国疾病控制和预防中心 (Centers for Disease Control and Prevention) 发布的资料。

第二节　情商的发展

不同年龄段孩子情商的特点

0~1.5岁

孩子一生下来就有社交的本能，他会用哭声、肢体语言同他的母亲或照料者"交谈"，表达自己的需要而使妈妈抱他、喂他吃奶、给他换尿片或同他说话。在一来一往的活动中建立并加强了母子之间的亲密关系，也在孩子幼小的心灵里产生了"基本的信任感"，特别是对照顾他的人。孩子出生不久就会注视，喜欢看妈妈的脸。妈妈通常也会用注视、微笑、说话来回应他。2个月左右的孩子会微笑，并且这个时候家里其他成员甚至生人对他微笑、讲话或注视时，他都很友好地回应，同时会用"哦……哦……"声与照顾他的人交谈，好像在告诉你他很高兴、很喜乐。可是当他可以区分父母和"外人"时（6~18个月），他却一反常态，不但不对生人微笑，还会怕生人。8~10个月，孩子开始有分离焦虑。8~24个月，当照顾他的人离开或要离开时，孩子会哭，会用手拽住妈妈不让妈妈离开。1岁左右的孩子会和人玩"我在这儿"等小游戏，1.5岁左右的孩子会跟妈妈拥抱、亲吻。

1.5~3岁

这个年龄段的孩子会的本领越来越多，独立意识也越来越强。他会说"我长大了"。他有时真像一个小大人，不像以前，看到别人痛苦时要么没有表情，要么不知所措。现在他有同情心了，看到弟弟妹妹哭了，他会把玩具拿给他；看到妈妈受伤了，他会跑过去拍着妈妈的肩膀说"妈妈，痛吗""妈妈不哭"，这些让妈妈感动得流泪，忘记了疼痛。

这个年龄段的孩子一面怀着强烈的好奇心，热情地探索周围的世界，对于每个新发现都会兴奋不已，想要展开双翼自由地飞翔；一面又要回头看看，确定他所爱所依赖的人在他的不远处，在他的视野范围之内。他常常回到"避风港"停一停，再离去。我们常在公园里看到孩子很兴奋地玩，妈妈在离他不远处陪着他。孩子回头看到妈妈在，就会继续安心地玩，若妈妈换了个地方，孩子回头发现妈妈不见了，就会放下玩具（哭着）去找妈妈。此时的他开始自主、独立又常常依恋家人，他希望鱼和熊掌能兼得。

这个年龄段的孩子还是以自我为中心，有很强的占有意识。他拿到的东西就都是他的，较少有与人分享的意识。虽然3岁以下的孩子不太会一起合作，但他们还是很喜欢和小朋友一起玩的，尽管各玩各的。家长可以邀请亲戚或邻居家的孩子来家里玩。

3~6岁

3~6岁的孩子通常喜欢和朋友一起合作，与人分享，知道轮流，如滑滑梯时知道要排队、轮班等。这个年龄段的孩子喜欢交朋友，喜欢和朋友一起玩，并有自己的好朋友。会交朋友、合群对孩子的健康发展是非常重要的。如果他的朋友对他说"你不是我的朋友"，他会很伤心。他们会和朋友玩更复杂的游戏，在小朋友中间逐渐形成领头者和协助者，并且年龄大的孩子会帮助和保护年龄小的孩子。他们逐渐用语言来解决与朋友的冲突。

0~6岁孩子情商的发展

蒙台梭利认为孩子在0~6岁有社会性的敏感期。孩子的天性和0~6岁的情感经历成为他日后性格和社交关系的基础和萌芽，就这一点来说父母要懂得孩子情商的发展，了解每个阶段孩子面临的难处和危机，帮助孩子经历和度过每个新阶段。

孩子在母体中时受到最好的保护，他在一个适合他生长的安全温暖的环境中"不愁吃、不愁喝"，他的需要从母体里得到满足。当他突然与母体分开，降生在一个完全陌生的、嘈杂的、一个成人刻意塑造出来的环境里时，他会不适应。他睁开眼睛时，无数的影像模糊地涌入他的脑海中，包括各种声音、亮光、色彩、形状等，他好似进入了迷宫一样不知所措，没有安全感。更糟糕的是，他不会说话，无法与人沟通，不能把自己的需要告诉他人，特别是他的母亲。

依恋关系，感情联系

然而，这个无助又"无能"的小生命却有着生命的潜能（为叙述方便，后文用母亲代表照顾孩子的人，用"他"指代孩子）。孩子虽然不会讲话，却用哭声和肢体语言和母亲沟通。虽然孩子不会像小动物一样很快地就能起来行走，自己找食物吃，但他也有与生俱来的本领。把孩子放到母亲的怀中，他会转过头来，张开嘴寻找奶头，找到了会用嘴去吮吸。新生儿一出生就会看，有触觉。当娇小的婴儿看母亲的脸时，母亲的心融化了；当孩子细小的手指握住妈妈的手指时，也触到了妈妈爱的神经。他一生下来就和母亲有种特殊的情感联结关系。

母子、母女亲密的情感联结关系是个复杂、持续的过程。母亲对孩子这种爱的感觉在怀孕时就开始了。孩子刚出生的头几个小时，母子、母女的亲密关系正式拉开序幕。接下来的几天或最初的几个月，孩子通过哭声和肢体语言与母亲沟通。当他发出信号（哭声）时，母亲有正确、合适的回应，孩子的要求满足了，孩子就会停止啼哭，变得安静、喜悦。与此同时，妈妈的回应也得到了回报，知道自己"做对了"。母子之间不断地这样传送着积极的信息，使彼此得到鼓励。喂奶、换尿片、怀抱、抚摸、对视、微笑等不仅满足了孩子的基本需要，更是成了母亲和孩子之间一来一往和谐的"舞步"。其间，爱的关系悄悄地滋长，母子关系成为孩子第一个爱的关系。爱的定义、爱的理解，成为孩子人生中所经历的一切爱的关系的雏形，是他一切人际关系的源头。

现在很多医院都在孩子出生后最初的几个小时就把孩子放在妈妈的怀里，这种最初的身体接触成了母子情感建立的纽带。妈妈的奶水满足孩子最基本的需要，妈妈的怀抱使他感到安全，妈妈的笑容和轻声细语使孩子感到安心。孩子趴卧在妈妈的怀里安详地睡着，母亲看到自己怀胎十月的小生命，爱意会油然而生，甚至会感动得流泪，忘记了生产的疼痛。有的母亲还会把孩子的五官，手脚都检查一遍，确定自己的小宝贝完整无缺。

这种情感的亲密依恋关系开始于孩子和母亲，之后延伸到其他人，如父亲，经常照顾他的爷爷、奶奶、外公、外婆，或有爱心的保姆、幼儿园里充满爱心的老师等。

刚生产过的母亲身心都很疲惫，做父亲的要积极参与照顾孩子的工作，这样做不但使母亲得到休息，也是父亲和孩子建立父子（父女）感情的机会。

1. 影响母子（母女）情感联结关系的原因——从母亲角度看

生物学对母亲与孩子这种"一见钟情"的亲密关系的解释是：孩子刚出生时是母体中荷尔蒙指标最高的时候，母亲和孩子马上接触可以产生亲密的感觉。所以有人把孩子刚出生的头几个小时看作母亲对孩子爱的敏感期。

也有研究人员认为母亲和婴儿早期的接触是有益处的，但这不是影响双方感情联结的决定因素。母亲的性格、自身的教育、修养及其儿时的经历都影响自己与孩子的亲密关系，并且母亲和孩子的情感联结安全、稳固与否不但与母亲的性格和心理因素、孩子的天性和健康有关，还与家庭的环境、父亲的参与程度、经济状况及亲友的扶持有关，其中最重要的因素是母亲的性格。

所以不是所有的母子（母女）都是"天生一对"。从怀孕起，母亲的情形就不同：有的是盼孩子很久了，有的是没有预备好就怀孕了，所以很多母亲不但没有在心理上做好准备，有的根本就不想要这个孩子，自怀孕那天起，母亲对孩子的感觉就不同。孩子出生后，把母亲的生物钟完全打乱了。生产后母亲身体本就很弱，再加上孩子的哭闹而睡眠不足，母亲常常感到身心疲惫。如果母亲本身性格上不够成熟、没有耐心，就很容易对孩子产生消极的情绪。如果母亲小时候曾被自己的父母冷落，那么她很容易冷落甚至虐待自己的孩子。

2. 影响母子（母女）情感联结关系的原因——从孩子角度看

孩子本身的健康状况（是否早产）及天性也影响着母子（母女）情感联结的亲密程度。有些孩子一生下来就头发黑黑的，脸也胖嘟嘟的，让母亲看第一眼就喜上眉梢；而有些孩子早产，体质虚弱，或存在其他天生的缺陷，孩子不但很爱哭，而且看起来也不是很可爱。

孩子天生的性情、脾气也有很大的差异。有的婴儿比较安静，害羞些；有的婴儿很爱哭，一旦哭起来很难哄；有的吃好了，睡好了，就可以自己玩儿。

也有情况比较特殊的孩子。他通常不知何故而大发脾气，食宿不规律、不喜欢新环境、害怕陌生人等，常有消极情绪并容易紧张、激动（早产儿通常也比足月的孩子难带）。孩子的这些行为会影响母子（母女）的情感联结，让新上任的年轻妈妈束手无策、情绪低落，甚至会成为母亲产后忧郁症的原因之一。有的母亲会气得喊叫。反过来这些消极的情绪和做法又会影响孩子的情绪，如此形成了消极情绪的循环，使得母子（母女）俩都觉得"搭错车"。

3. 母子（母女）关系对孩子的影响

蒙台梭利认为0~3岁孩子的学习过程是在无意识里进行的，所以母子情感上的依恋关系在某种程度上影响孩子今后的发展和他将来的幸福与否。著名的发展心理学家艾里克森（Erikson）指出，当孩子的需要得到满足时，他就会产生一种基本的信任感。例如，他饿了就会哭，母亲抱起他，温柔地看着他，轻声对他说："不要哭，妈妈知道你饿了，妈妈这就给你喂奶。"孩子吃饱了，他的需要得到了满足，自然也就不哭了。这样反复的经历逐渐在他心里形成了一种安全感，他确信有人关心他、爱他，在意他所发出的信号，满足他的基本需要；他来到这个世界是安全的、可靠的，这些也是他自尊及信心的开始。这种信任感种在了他幼小的心灵中，影响着他今后的发展，甚至影响他成人阶段的情感。

有安全的情感经历的孩子更容易理解别人的感受。他在一个爱的环境里，需要也得到了满足，所以当他看到别人难过时会有反应。而在被忽视、冷落的家庭环境里的孩子，会对别人的难过没感觉，有的甚至会欺负别的孩子。

孩子在婴儿期间母子（母女）俩有稳固的亲密关系，等他到了幼儿时期、学前期将表现得更积极、好奇和自信，他和小朋友的相处会更融洽，在情感的处理上更有弹性，更富有同情心。相反，那些在婴儿期母子俩没有很好情感基础的孩子，他的成长过程会艰难很多，并在幼儿园里很容易欺负人或被欺负。

正如我们的性格常常是我们父母的翻版，我们养育孩子的方式也常常与我们小的时候父母如何养育我们有密切的关系。这也是为什么从小受过自己父母虐待的年轻父母常常会虐待自己孩子的重要原因。

4. 如何在生活中建立和巩固亲子关系

做母亲的在新生婴儿诞生后，不仅要爱护他、喂养他，更要想办法满足新生儿的需要，让他的心理逐渐调整以适应这个与妈妈肚子里完全不同的世界。

从医院回到家后，除了确保母亲有充分的饮食营养和足够的休息外，还要留意孩子的环境：孩子房间的灯光不要太亮，房间要温暖；大人说话的声音要轻，动作要柔，并且注意孩子发出的信号，如哭声、表情、肢体语言等，并给予合适的反应。例如，孩子趴在妈妈怀里，妈妈抚摸他的后背；与孩子充满爱意的对视或对笑；当孩子伸出手指时，母亲伸出手指让孩子抓住；孩子和你说话发出"噢噢"的声音，父母也模仿他的声音用较高的声调与之呼应；当孩子累了眼睛移开时，家长要保持安静，让孩子多休息。父母和孩子这种亲密互动会让双方都感到喜悦。

当孩子哭时，要找到哭的原因并予以回应。通常孩子哭有三种基本的理由：因为饿了而哭；因为生气而哭；因为不舒服而哭。当孩子被惊吓或受到刺激时就会生气地哭，新生婴儿吃奶后很容易胀气而引起腹痛也会哭。哭闹不停的孩子会让母亲身心疲惫，有的父母还会感到内疚。其实困难是可以克服的，父母不能泄气，不要太被孩子的哭闹搅扰。父母要允许并接受婴儿用这种方式来表达他的情感和要求。

孩子哭闹不止却找不到原因时，可以把他竖着抱起，让他的上身紧贴妈妈的胸前，使他能感受到妈妈的心跳，此时妈妈可以轻轻地抚摸他的后背，坐在摇椅上摇晃或在地上走动。有的家长别出心裁地把心跳录音或将洗衣机轰轰的声音放给他听，孩子通常会安静下来，因为那是他在母腹里常听到的熟悉的声音。

对天生难带的孩子，父母不要压力过重，年轻的妈妈要有耐心，态度要积极，再加上细心周全的照顾，会让婴儿平静下来。据统计，在美国有大约15%的孩子天生难带，所以不要怨天尤人，这样的孩子不是只有你家有，你也不是唯一有这样经历的人，最重要的是你要知道这种孩子并非不正常。

虽然"江山难改，禀性难移"，但有研究表明，后天的经历，特别是父母对待他的方式会影响他性格的形成。人的性格是三分天性，七分习性。随着年龄的增长，家长的管教方式、与同伴的相处、学校的经历等都会影响孩子的性情。所以性情还是可以塑造的，只要父母像农夫一样满怀期盼地辛勤耕耘，一定会有收获的。

此外，在夫妇俩齐心协力的同时，还可以寻求医生、亲属的帮忙，共同找出解决办法。

孩子与生俱来的性情和脾气

孩子天生就有不同的性情和脾气。有的婴儿比较安静、害羞；有的婴儿很爱哭，一旦哭起来很难哄；有的婴儿吃好了，睡好了，就可以自己玩儿。亚历山大·托马斯（Alexander Thomas）和斯答拉·蔡斯（Stella Chess）依据30年的跟踪研究发现了孩子9项天性的不同特征。

（1）活动程度。有的孩子天性爱动，有的孩子天性不爱动。

（2）规律性。孩子们起居、食宿有不同的生物钟。有的孩子吃饭睡觉有规律，有的孩子无规律。

（3）对新境遇的反应是积极主动或是消极退缩。幼儿对新环境、新事物、陌生人的反应不同，有的孩子很高兴地接受，有的孩子对此很困扰。

（4）对变化的适应能力。孩子对变化的适应能力不同。

（5）感官的反应敏感度。对光的强度、声音、不同的质料、疼痛等，有些孩子的反应比另一些孩子敏感。

（6）积极或消极的情绪。婴儿也像大人一样有不同的性格，有的孩子乐观，心情好，情绪佳；有的孩子常常不喜乐，爱发脾气。

（7）反应的强度。强度指消耗力气的程度。

（8）能否集中精力。指孩子注意力的集中程度。有的孩子的注意力不太容易被打扰，而有的孩子的注意力很容易被分散。

（9）持久性。孩子在活动过程中遇到困难时是否坚持或放弃；被打扰后，是否再继续。

研究者根据孩子的行为及表现，把以上9项特质称为孩子与生俱来的性情或脾气。他们根据这9项，把婴儿的天生性情大致归为3类：随和易带的孩子、害羞退缩的孩子和难相处的孩子。

5. 如果母亲不能与孩子建立亲密关系

有些母亲因工作或其他原因不能提供这种亲密关系时，母亲可能将永远失去这段宝贵的经历，孩子长大后，也可能与母亲的关系疏远。俗话说"谁带大的孩子跟谁亲"，反过来，由于缺乏早期的母子（母女）亲密关系，母亲日后对孩子的爱也很有限，会感到"爱不起来"。家里如果有一个以上孩子，这种感觉会特别明显。父母和自己带大的孩子的感情会比别人帮忙带大的孩子的感情更亲密，并且与后者常常有冲突。

如果孩子和母亲之间不能建立这种亲密的关系,父亲或其他亲属中,甚至是照顾过他的人或幼儿园老师中一定要有一个人是孩子可以信任的,是孩子可以依靠的,让他能确认在他人生刚起步的时候,有人爱他、关心他,他对于爱他的人很重要,从而使他确认自己是可爱的、是值得爱的,他周围的人也是可爱、可信的,在这个世界里,他的未来是有期盼的。

6. 母亲外出工作

对生产后很快就要外出工作不能在家里照顾婴儿的母亲来说,很重要的是,一定要为他找个有爱心的、又能长期照顾他的人。孩子对他人建立这种感情偶尔也有"一见钟情"的时候,但多数是逐渐培养起来的。因此,1岁半以内的婴儿最好是在家里照看,若送到幼儿园,则要找到有良好环境的幼儿园,特别是老师,要有爱心、负责任。常常换人照顾孩子或对孩子漠不关心,这对孩子的成长非常不利。1岁以下的孩子在幼儿园的时间最好每周不要超过20个小时。有些父母因无法在家里照顾孩子会自责,有内疚感,从而为了弥补缺失而对孩子过分溺爱或过分刺激,下班后教孩子做这个学那个,反而会让孩子承受不了而对父母产生怨气,甚至冷淡。

7. 依恋关系的正常反应

孩子和母亲或照顾他的人之间的情感联结和信任感的建立使得他很难与照顾他的人分离,因此孩子会有怕生人、分离焦虑等正常反应。

（1）怕生人（6~18个月）。孩子到了六七个月时，开始分清楚熟悉人与陌生人之间的区别，并且逐渐会坐、爬、走，不必再被动地等妈妈来抱他、接近他，他自己可以爬或走到妈妈那里。所以当他看到生人时，会哭泣，有时会抓住妈妈的手，抱住父母或照顾他的人的腿或衣服。若生人同他说话，他会更紧张，同时他会看妈妈的反应，注意妈妈的面部表情，从而应对这种新情况。孩子所信任之人的表情及反应影响孩子对陌生人的态度。

（2）分离焦虑（8~24个月）。孩子8~24个月阶段，一方面可以认出父母，另一方面这个年龄段的孩子还不懂"物质存在"，即物质从视野中消失但依然存在。孩子怕妈妈一离开就会失去她，所以在孩子喜怒哀乐溢于脸上的这个时候开始有分离焦虑。当照顾他的人离开或要离开时，孩子会哭，用手拽住妈妈不让妈妈离开，妈妈回来时会很高兴地"欢迎"她。

8. 去幼儿园前的情感预备工作

孩子上幼儿园时会哭闹着不愿与父母分开，父母可以给他带一本有家人照片的小影集，或他的玩具小伙伴如小玩具狗去幼儿园。当他们学会克服失去和分离的恐惧时，会更自信稳妥，否则会感觉受挫和不信任。学习应对分离或失去是人一生的功课。

选择

几天前，我的好朋友晓玫从加州打电话过来，说她老公宋杰非要她将刚刚满5个月的女儿送回国。我听了大吃一惊，我知道晓玫是非常喜欢她的女儿的，怎能忍心把小宝宝送走呢？她哭着告诉我，她的先生说：若是她真爱孩子的话就把孩子送走，之后让她去学计算机专业，找个高薪的工作，为女儿存钱，为她以后读最好的大学用。我听后哭笑不得。怎么搞的，一向开明的老同学宋杰怎么会有这样的想法？虽然我们从前都是要好的同学，并且在大学时常常替晓玫出主意，但在美国待得时间长了，想法也变了。毕竟是人家的事，不能帮人家做决定，所以我也没太表明赞同还是反对，只是安慰晓玫几句并让她同老公好好商量后再做决定。可是放下电话后，我责备自己不负责任，人家信任你，至少也要告诉她自己的感受，至于是否采纳则由晓玫定夺，于是我决定给他们写封信。

晓玫，宋杰，还有可爱的小悦纳：

  自从前天接到晓玫的电话后，我一直惦记着你们。那天晓玫说宋杰想把孩子送回国，不知宋杰只是说说而已还是真有这个打算？按理说宋杰已拿到了计算机专业的硕士学位，并已找到一份高薪的工作，经济上也过得去了。你们又添了一个可爱的小女儿，晓玫又是一个顾家、爱孩子并喜欢在家里做贤妻良母的人，这是一个多么令人羡慕的家庭！日子过得好好的，为什么要把小宝宝送走呢？难道宋杰真的现在就想让晓玫去读书，去工作为孩子攒学费吗？若是5个月大的女儿会讲话，她一定会对爸爸说："我现在需要的不是上大学的钱，而是母爱、父爱！"

  孩子从出生那一天起就对母亲有着本能的依恋关系及情感上的需求，这是他情感发展的基础，也是他一切人际关系的开始。婴儿几个月大就离开父母，会使他像断了线的风筝一样没有安全感。再者，若未能在孩子小的时候与他建立亲密的关系，孩子大时很可能会与父母疏远。孩子小的时候，我们忙着外面的事，无暇顾及孩子，孩子却在悄悄地长大。等有一天，我们闲了下来，有用不完的时间的时候，你会发现孩子不见了，他们不再需要你了，他们飞走了，那时我们会有无名的遗憾，无边的寂寞。在美国，许多有硕士或博士学位的女性，一旦有了孩子，宁愿选择放弃工作而在家做全职妈妈。她们认为新生命更宝贵。书可以晚几年读，工作可以过几年再做，可是孩子的童年却只有一次，错过就不复返了。

记得我家老大幼儿园毕业典礼那天，我看着穿西装的5岁的儿子走上讲台时，感动得泪流满面，孩子长大了，太快了！我当时非常庆幸自己那几年选择在家里当全职妈妈。因为在我陪伴孩子的几年时间里，不但与孩子建立了深厚的感情，而且通过与孩子相处，并读了许多教育孩子的书籍，使我对做幼儿教师的热情再一次高涨，使我有勇气重新拾起我多年的心愿。在我两个儿子都已上小学后，我去参加蒙台梭利的教师训练班，经过一年的课业学习加上一年的实习，我拿到了美国蒙台梭利协会的教师证书，又获得了纽约大学幼儿及小学教育硕士学位。回顾往事，我觉得我在家陪伴孩子的那几年时间非常宝贵，不但让我享受了天伦之乐，也成为我在日后学习及工作中不可缺少的经历。如今儿子上大学了，我们还常常在电话里提到他们小时候的故事。的确，当时我经济上不太富裕，也没有多余的钱为孩子积存，可是我庆幸自己在孩子最需要我的时候留在了他们身边，陪伴他们走过人生的起点。等孩子可以自己起步、上小学时，我又可以做我喜欢的事。我虽不是一个优秀的母亲，但我却愿意与孩子一起成长。

生命是最宝贵的，而金钱、地位、学业、事业都是附加的而不是必需的。当然不是每个人都有这样的条件和机会留在家中，我也有一些朋友真是爱孩子，却迫不得已暂时与孩子分开一段时间。你们的状况不一样，即使晓玫也有愿望读书，也不一定要把孩子送走。很多人的条件不如你们也都过来了。晓玫可辛苦一点，晚上或周末选学一两门课程，白天可以带带孩子，做做功课。若全职上学或工作可以为孩子找一个有爱心又能长时期带他的人照看。同时，每天也可以有时间陪孩子，同他一起做游戏、玩耍等，这些都可以帮父母与孩子建立很好的亲子关系。现在许多家庭都有读睡前故事的习惯，那是一个非常好的亲子活动，它培养了孩子的读书习惯，提高了孩子的阅读能力，对孩子的情感发展也是非常好的。若把孩子送走，不知你们将如何弥补亲子时间。望你们三思而后行，除非万不得已。

我只是将我的想法告诉你们供参考，望你们能同心祷告，相信你们会做出明智的选择！

好友　晓辉

正确看待孩子情绪的起伏

我和文森的妈妈是好朋友。文森的妈妈没有上班，在家里照顾2岁的他和4岁的姐姐。姐姐白天去我的蒙台梭利学校上学。文森每天和妈妈一起接送姐姐，所以他和我并不陌生。一天，我去他家做客。吃完晚饭，我和他妈妈聊天。文森嚷着要喝水。妈妈给了他一小瓶矿泉水。他左拧拧、右拧拧，没有拧开。这时桌子上的皮球被他晃到地板上，文森站起来去取皮球。我顺便过去帮他把矿泉水的盖子拧下来,把瓶盖放到水瓶旁边。文森很高兴地把球放到桌子上,回头看到瓶盖被打开了,立马放声大哭:"我要自己来,自己来。"我知道自己犯错误了,就连忙把瓶盖拧上,但文森把水瓶推开:"这个开了。"妈妈冲我苦笑一下,摇摇头:"别哭了,晓辉阿姨帮你忙,妈妈再给你拿一瓶。"妈妈又拿来一瓶矿泉水,他这才停止了哭声。他又是左试右试打不开,最后没办法,拿给妈妈,让妈妈帮忙。妈妈帮他打开瓶盖,他才咕咚咕咚地喝起水来。"该把你送到晓辉阿姨的学校规正规正。"妈妈无可奈何地说。

没过多久,妈妈真的给文森报名了。还记得连续几个月,文森都有分离焦虑。刚开始,妈妈在教室走廊里给他读两本书,说好了读完书妈妈要离开,文森进教室。本来答应好好的,可是读完两本书,他又赖着妈妈要再读一遍,否则就大哭。开始妈妈依着他,后来我对妈妈说:"既然讲好了,读完两本书就离开,那你现在就和孩子道别吧,告诉他放学时妈妈会来接他,然后赶快离开。"妈妈无奈,狠狠心头也不回地走了。文森跑到门口,气得一边用手拍门,一边喊着要妈妈。我陪在文森旁边,试着安抚他。我知道这时他需要的是把气撒一撒,同时让他知道我在旁边陪着他。过了几分钟,妈妈打电话来说她忘记把文森的被子留下来了。我告诉她把车停到学校后面的停车场,我去取。妈妈若出现孩子又要重新痛苦一遍。我把文森带到教室的读书角,告诉他我去取他的被子,马上就回来,同时让另一位老师陪他。等我回来时文森还在哭,直到看到我手中有他的宝贝时,才停止了哭泣。我把他的宝贝被子给他,陪他读了一本书,他才安静下来。

情绪是对所经历的人、事、物内在感觉的表达。有的情感是积极的，如爱、喜乐、满足、舒畅、甜美等；有的情感是消极的，如生气、害怕、沮丧、怨恨、悲伤等。就如周围的物质世界对我们是真实的，我们对人和事的感觉也是真实的。并且人的情感从一出生就有，一直延续到我们生命的结束。

对 0~3 岁的孩子来说，最常见的两种消极情绪就是害怕和生气。

1. 害怕

孩子到了六七个月时，看到生人会哭泣，有时会抓住妈妈的手，抱住父母或照顾他的人的腿或衣服。若生人同他说话，他会更紧张。等孩子到了 2 岁左右，对奇怪的声音、生人、不熟悉的东西的恐惧感逐渐减少，但却害怕书里、电视里及想象中的坏人、恶兽、黑暗等。有的孩子对游戏中的假面具恐惧不安。

孩子的"害怕"心理是他正常发展的一部分，成人要予以接受、理解，而不能因为 2 岁的孩子怕生人而指责孩子"没出息""有什么害怕的"等，要帮助孩子学习如何对待和应对害怕的人或事。

家长要承认和接受孩子的情绪、感觉，如"那个假面具看起来很可怕"，帮助孩子自己应对和疏解害怕的情绪，如婴儿会用哭、吃手、裹大拇指、裹奶嘴等方式，大一点的孩子会用安全毯或某一固定的玩具来疏解紧张的情绪。当孩子累了、困了，激动或遇到新情况时，他的这些小宝贝会成为他的安慰，帮助孩子安静、调适，迎接新的挑战。例如，孩子刚开始单独一个人睡在自己的房间里会怕，让他抱着他喜爱的小毛狗、小熊或他的安全毯会让孩子疏解害怕的心理。上例中，当文森拿到他的宝贝"被子"后，就平静多了。在学校，老师鼓励刚进校的孩子抱自己最爱的小猫、小狗玩具睡觉，从而减少了孩子的心理压力。

孩子怕生人就不要强迫孩子和生人打招呼，点头或摆摆手也是礼仪的一部分。而生人也不要太快和孩子互动，给孩子一点"热身"的时间。

家长可以找些有关孩子克服害怕心理的小故事读给孩子听，或讲父母小时候害怕的经历。害怕心理大人也有，有时不妨让孩子知道。比如，你刚到一个城市，在高速公路上迷路了，天又黑了……讲给孩子听，让孩子和你一起感受你的害怕心理，笑你当时的窘态，为你的戏剧性结局而鼓掌。

有时事先和孩子讲或预测将要发生的事，也会对他减轻害怕心理有所帮助。如邻居家一个小朋友刚买了一个狮子假面具要给你的孩子看。你知道你的孩子会害怕，就事先告诉他，哥哥有个狮子面具，他要戴给你看，那个面具是假的，哥哥戴上它，看起来像个可怕的狮子，但面具后面是哥哥的脸。

用戏剧（过家家）的方法，和孩子一起"经历"害怕的感觉，找到应对的办法。

2. 生气

1.5~2 岁的孩子随着身体的发育，不但可以站立、行走，还会爬楼梯、吃饭、上厕所。他的本事越来越多，视觉空间越来越大，可以自己做很多事，再加上语言能力的发展，理解力的加强，使得他的独立意识出现并加强。什么事都想"自己来"，别人若"帮倒忙"，他会生气并发脾气，如上面文森的例子。

这个年龄段的孩子，在他很兴奋、很好奇地探索周围的世界时，常常和父母发生矛盾。比如，过马路时，别人都自己走，爸爸也自己走，妈妈却偏要握住孩子的手。于是，他也想试一试。父母却坚决不让，说不安全。"为什么爸爸可以，我不可以？"他会这样想。孩子的好奇心、自主的愿望和父母的限制常常不一致甚至是对立的。他不理解、不满父母的要求，可是会说的语言又有限，不能把自己的感受清楚地讲出来，或是像大哥哥、大姐姐那样同父母"谈判"，说服父母答应他的请求。于是他开始发脾气，不但哭闹，有时还躺在地上打滚，真是让父母很难接受。家长常常抱怨2岁孩子不合作，常常说"不"。你让他往西，他要往东；你让他上，他要下。

帮助孩子用语言来表达他的要求、想法、感受，父母首先要做个好榜样。在限制和要求孩子时要讲明原因，尽量用平和的语调，给孩子讲道理，如："妈妈知道你很生气，可是吃饭前不能吃饼干，因为你吃了饼干，就吃不下饭了。"

给孩子可以作出选择的问话通常是"双赢"的。如过马路时，你要孩子牵你的手，你不妨问孩子："你要牵妈妈的左手还是右手？"孩子通常会选择其中的一种。你的目的达到了，孩子也行使了他的选择权。但如果孩子松开手要跑，妈妈就要立刻把他抱起来，然后告诉他过马路不牵妈妈的手是非常危险的。涉及安全的问题，家长要立即采取行动。

2岁左右的孩子在某种程度上很像十几岁的孩子，或刚上大学的大学生。一方面觉得自己长大了，可以做很多事，也知道很多事了，但另一方面还很不成熟，很不稳定，没有安全感。父母除了需要承认他的能力、鼓励他去探索外，还要考虑孩子的安全和别人的安全，孩子的感觉和别人的感觉，从而予以限制，家长需要明确：不变的要求就像道路上的栏杆一样能让孩子产生安全感。

此外，妈妈也可以和孩子玩过家家，妈妈扮演受挫发脾气的角色,让孩子来安慰你,帮你解决问题。

父母帮助孩子应对自己的消极情绪的最终目的是让孩子能学会自我控制。

做父母的要理解孩子但不是凡事都依着孩子,而是让孩子知道他的要求往往与父母的要求不一致。如果孩子的要求、做法是对的,那妈妈可以按照他的要求予以满足;但若是不合理、不安全的要求,妈妈决不能答应,孩子就要按妈妈的要求去做。但父母管教孩子时一定不能用打的方式,应该用反复的说教或及时的行动,说到做到。

帮助孩子应对自己的生气情绪

"生气""发脾气"会跟着我们一辈子,是我们自己不喜欢却又无法克服的人性"副产品"。我们自己都会常常因不顺心而生气或发脾气,更何况是一个人生刚刚起步的孩子呢?

(1)理解、叙述孩子的感觉,并给出建议,如"积木搭上就掉下来很令人沮丧,试试把大的积木放在下面,把小的积木放到大的积木上面。"

(2)为孩子提供适合他年龄发展的环境和活动,使孩子减少不必要的沮丧。

(3)要教孩子何时、如何找大人帮忙。告诉孩子如果衣服拉链试了几次都拉不上,不必急、不要气,去找父母、老师或其他人帮忙。例如,在文森的故事里,他自己左拧拧右拧拧,打不开瓶盖,最后请妈妈帮忙。

(4)成人不要帮忙太快,要给孩子尝试的机会。例如,文森生气是因为我帮忙太快,自己想当然地帮了个倒忙。

管教

一提到管教，人们通常会联想到打骂、惩罚孩子。其实，管教的真正意义是为了孩子和他人的益处，父母对孩子提出要求并让孩子遵守，对孩子规正、限制使孩子知道什么行为是对的，什么行为是不合宜的；示范和传授礼仪规范与做人的基本道德标准。家长与孩子在婴儿时期的亲密关系、自己的性格、早期父母对自己教育的方式以及对孩子的期望等因素都影响着家长对孩子的管教方式。想要对孩子既疼爱又管教，既给孩子民主、自由，又要有限度，实在不易。

蒙台梭利强调要尊重孩子，给孩子探索、学习的自由，并允许孩子在学习过程中出错。例如，孩子倒果汁，倒到杯子外面，不应骂孩子，而是为孩子预备倒水的活动，等孩子手眼协调能力加强后，就不会倒洒了。另外我们前面提到给孩子预备符合他身心发展的环境，并且环境中的活动要适合孩子的年龄和能力，减少孩子不必要的负面情绪和挫折感。

孩子由于自然发展的规律，如吸收性心智，使得孩子对周围环境充满了好奇，孩子也是通过不断地探索，使得自身的协调能力得到完善，内在的能量得到释放，内心深处因"工作"而满足，彰显出合宜的行为。

预备好的环境、教具，活动由浅入深，和平的气氛，老师对孩子的态度，都对孩子有潜移默化的影响，让孩子逐渐变得自律、自尊，喜爱和平、喜爱秩序、喜爱工作，专注，乐于分享，从而使孩子"正常化"。

蒙台梭利非常强调给孩子自由，但这个自由是在一定限度之内的，也就是说，孩子有自由做对的事。如果孩子无理取闹或超过安全、礼仪的范围，大人一定要予以制止。蒙台梭利教室里都有基本准则让大家来遵守。例如，在操场上可以大声说话，教室里不要高声叫喊，在教室里要走路而不可以跑跳等。父母也要想一想你对孩子在家的合理要求，设置几项家庭规则，然后和孩子一起讨论，并让孩子和家里其他人共同遵守。

1. 父母管教孩子的类型

妈妈们聚到一起，常常两句话离不开孩子。

晓华愁眉苦脸地向姐妹们讲她 2 岁女儿的故事。"婷婷 1 岁半时高高兴兴地同我去医生那里做检查，并要打预防针。打针时，她大哭不止。从此以后，只要一提到医生她就怕。昨天，我带她去看医生，她说什么也不肯下车，哭着闹着要回家，我没办法只好带她回家重新约时间，好在不是急诊。明天又要去了，不知该怎么办。"

没等晓华说完，心直口快的晓莉忍不住了。"晓华，跟你讲了多少次了，你太惯孩子了，怎么能她说不去看医生就不去呢？要是急诊怎么办？要是我，不下车？不容分说，抱着她就往诊所去，任凭她哭叫。这么小就想让妈妈听她的，长大了还无法无天了呢！您说是吧，晓艳？"晓艳是一个话不太多的人，若是不问到她头上，她是不会主动搭腔的，她慢悠悠地说："我的孩子小的时候也曾遇到类似的问题。太软吧，怕惯坏了她，太硬又怕伤害了她的自尊心。后来，只好软硬兼施。我先耐心地跟孩子讲道理，告诉她我很理解她的感受，同时也让她知道你的容忍是有限度的。所以，你不妨先给她讲道理，若还是不下车，那你只好用晓华的方法抱着她去医生那里。我讲得不一定对，因为每个孩子都不同，还是听听晓辉的看法吧。"

"对呀，晓辉是学幼儿教育的，快点儿跟我们讲一讲从教育理论上该如何处理这件事。"晓莉急切地看着我。听她这么一讲，我就接过话题说："别看我是学教育的，教别人家孩子行，到自己孩子身上就不好用了。你们所讲的对我很有启发，你们说的话都很有道理，晓艳的经验也非常宝贵。在处理晓华女儿的事情上，最理想的方法是：事先跟孩子讲要去医生那里，为什么要去，让她有心理准备，让孩子了解医生跟其他叔叔、阿姨一样爱她、关心她。孩子若闹着不下车，父母就要告诉她：妈妈（或爸爸）很了解你的恐惧，可是你哭闹不能解决问题，妈妈不会因为你哭闹就不让你去看医生了，我们没有别的选择，不过妈妈会一直陪着你的。然后把她抱下车，带她去医生那里。离开诊所后，告诉她你非常高兴她同妈妈（或其他人）一起去看医生，妈妈知道这对她很不容易，可是她做到了。同时听她讲她的感受并支持她的感受。如此孩子就在这件事情上增强了自信心，学到了解决问题的方法，同时也学习感受自己的情感变化。

"晓华顾及孩子的感受，怕孩子心理受伤，这种考虑是对的。但是因为孩子哭，怕见医生就带孩子回家，在给孩子一个信息，就是哭闹可以解决问题，遇到困难不去面对，可以绕着走，久而久之她很可能会知难而退，逃避现实。晓莉很像'专制主义'

者，我是妈妈，你要听我的，我说什么你照做就是了。这样孩子会变得很听话，听从别人的调遣，却没有主见了。

"据研究，家长大体上有三种类型。第一种是权威型，第二种是高压型，第三种是依从型。

"**权威型的家长**，关心、理解孩子，花时间陪孩子，对孩子有合理的期望、要求和控制。他们的权威能引起孩子的注意，他们会用诱导的方法告诉孩子为什么有这些要求和期望，对他们有什么好处，对别人有什么影响，同时也听取孩子的意见和看法。在一定限度内，孩子有足够的自由。在这种家庭里长大的孩子是最有竞争能力和适应能力的，他们有很强的自制力，满怀信心，主动投入周围环境。

"**高压型的家长**，其做法很像中国传统的家长制，我是爸爸（或妈妈），我怎么说，你就怎么做，别问为什么。不对孩子讲道理，不向他们表达疼爱、理解和同情，有时甚至用武力，信奉'棍棒下出孝子'。在这种家庭长大的孩子一般都会对功课特别重视，也很听话，却常常处在一种无形的压力下，他们往往不知道为什么要做某事。例如学钢琴，妈妈让我学我就学（不敢不学），为什么要学我也不知道，也不必知道。

"**依从型的家长**，他们通常爱孩子超过爱自己，无限制地满足孩子的需求，与孩子相处时，感到无能无助。这种家庭长大的孩子无论在社交还是在认知上都是最无竞争力的，他们缺乏自律与自立。"

我讲完了，却发现她们都没有反应。"难道你们不同意我说的吗？"我有些失望地问。晓莉笑着回答说："哦，不是了。我们都在对号入座，想想看自己是哪种类型的家长。"

2. 管教方法

通常父母或老师管教孩子时使用以下几种方法。

（1）用提醒的方式让孩子遵守。如"别忘记，玩完积木，要收回筐子里呀。"

（2）榜样。孩子很多行为是根据他们通过观察别人的行为而习得的，孩子喜欢模仿成人或比他大的孩子。俗话说："言传不如身教。"有心的妈妈除了以身作则外，还给孩子提建议、找方法，帮助孩子解决冲突，增强孩子的自尊感。同时，孩子更在意父母，更喜欢模仿父母的好行为及处事态度和做事方法。孩子喜欢模仿好行为，可坏行为学得更快。

（3）积极肯定。当看到孩子的好行为时，要对他给予肯定。这样对孩子行为的积极反应会鼓励这一行为的出现。特别是看到3岁的孩子和朋友一起分享他的玩具时告诉他："看得出来你让××和你一起玩你的玩具，××好高兴，你也玩得好开心，和朋友一起玩有时比一个人玩更有趣。"看到孩子在操场上玩滑梯时耐心地排队，告诉他："排队滑滑梯，既礼貌又公平。"

（4）注意力转移。看到一个孩子去抢另一个孩子的玩具，成人可以告诉抢玩具的孩子："玩具是××先拿到的，你可以先玩这个拼图。"

（5）忽略法。当成人知道孩子明知故犯或用不合适的行为引起家长的注意时，可采取冷处理的办法。当孩子不合宜的行为没有引起别人的注意和反应、没有有趣的结果时，这种不合宜的行为会减少甚至消失。例如，时间太晚了，孩子还是闹着不肯离开朋友家，父母只好抱起孩子走，孩子会大哭，父母不必再费口舌。再如，家长已经和孩子解释了为什么饭前不能吃饼干,可是孩子还是嚷着要,得不到就躺在地上打滚,父母不要理他,等他冷静下来,行为就会停止;若是在公共场合,就要抱他离开。

(6)省察冷却法。让孩子安静省察自己的行为。例如,孩子打人、咬人等是不允许的,让孩子到一个安静的角落里平静下来,然后和孩子谈谈。

(7)失去玩的权利。如妈妈提醒了几次,孩子还是不收拾玩过的积木,妈妈把积木收起,两天不给孩子玩。

(8)给孩子选择。如"你要穿白上衣还是灰上衣?"

(9)事先提醒。如"睡觉的时间到了,我再给你5分钟的时间画画,然后就要刷牙、洗脸,准备睡觉了。"

3. 父母管教孩子的要点

(1)认识到孩子天性的不同,对不同天性的孩子要用不同的方法。对害羞的孩子要多鼓励,不要求孩子完美,出错是学习的一个重要过程。对难带的孩子要有明确不变的要求,告诉孩子为什么这么要求,让孩子遵守。

(2)认识到孩子的行为和智力发展与父母对他的礼貌、道德教育和行为要求有关,同时孩子的礼仪、道德意识又是从管教、定规则开始的。

(3)花时间陪孩子,和孩子建立亲密的关系,使孩子有安全感,并要对事不对人,让孩子知道即使在管教他时,爸爸妈妈也还是爱他的。

(4)找到孩子"不乖"的原因。孩子是不是饿了、累了、困了、病了，或是无聊了，还是要吸引父母的注意力。找到原因后，予以合适的回应。

（5）给孩子建立规律的起居生活习惯。例如，孩子知道洗漱完毕，父母给他讲睡前故事，然后关灯睡觉。孩子习惯了以后，就不会有其他过分要求。

（6）培养孩子的同情心，使孩子逐渐学习理解别人的感受。

（7）给孩子规定明确、不变的要求，并予以实施。对2岁以下孩子的不合宜行为要马上采取行动，否则，事后再和孩子提起，他可能不知你在说什么。

（8）涉及安全问题要马上采取行动。

（9）让孩子安静省察自己的行为时间不要过长，通常3岁的孩子3分钟，5岁的孩子5分钟。

（10）教孩子用语言来表达而不是用手说话。告诉易动手的孩子，语言更有威力，更能解决问题。

（11）对2岁以上的孩子，最有效的管教方法是说理，告诉孩子他的行为给自己或别人带来的影响，并讲明家长的要求和期望并予以遵守。

（12）避免体罚。体罚本身是一种攻击行为，您给孩子做了坏榜样等于暗示孩子，事情可以用武力解决；体罚还会引起孩子的敌意、怨恨；体罚不当还会导致虐待孩子。

（13）避免给孩子听暴力故事或看暴力电影。即使那些广为流传的传统故事，如哪吒闹海、孙悟空打妖怪等故事里面也充满了暴力。

（14）小时候父母用在你身上的你所不喜欢的、受伤害的教育方法别再用在你的孩子身上。

（15）不要迁怒于孩子。父母在外遇到麻烦或心烦时，不可以拿孩子撒气。

（16）父母在管教孩子的时候要意见一致，即一方觉得不妥时，不要当着孩子的面互相指责，而要背着孩子讨论。

作者提醒

教孩子如何处理与别人的冲突

（1）如果别的小朋友抢他的东西，或是打他，告诉他要用语言大声对抢他东西或打他的小朋友说："你把我的玩具车抢走，我很生气，把它还给我！""不可以打我！"

（2）用肢体语言，如跺脚，大声对欺负人的小朋友说话，用表示愤怒的眼神和表情来表示不满。若小朋友不听，就告诉在场的成年人，如老师、家长。

（3）如果多次出现被打、被欺负现象，若是发生在学校，家长要同老师谈；若发生在社区就要和对方家长谈。

（4）面对冲突，父母不要干涉太快，鼓励孩子们自己解决。例如，孩子的皮球被另一个小朋友抢走，孩子来到妈妈跟前，告诉妈妈，想要妈妈帮他抢回来。妈妈告诉孩子："你可以自己告诉那个小朋友，皮球是你的（或你先拿到的），还给我好吗？"或"问是不是他想和你一起玩皮球？"有时孩子拿到一个公共的玩具，被别人抢走了，他也没有在意，就去玩别的玩具了，这个时候父母不必干涉，大度一点是长处。

4. 和孩子讲话的技巧

记得我在一家蒙台梭利幼儿园学习的时候，班上有一位叫艳的小女孩，看上去天真可爱，却非常腼腆内向。我不由自主地对她格外爱怜，格外关注。有一次她生病了，连着两天没看到她。第三天，吃午餐时，我和另外一位美国助教陪着几个小朋友吃午餐，艳也在其中。她突然不停地咳嗽，口中的饭也喷了出来，我起身准备为她倒杯水，只听到那位助教老师轻声地说："艳，请不要对着小朋友咳嗽。"可是没过几分钟，艳又咳嗽起来。"我不是刚刚说过不要冲着别人咳嗽吗？"那位老师有些不耐烦地说。只见小女孩的脸红了，低着头，眼里含着泪。我正跃跃欲试地想要过去解围，却见另一位非常有经验、有爱心的 Grace 老师走过去说："艳，我知道你这几天身体不好，咳嗽一定很不舒服，可是咳嗽时要用一只手捂住嘴巴，转过身来，像我这样。"她示范着。"这样，细菌就不会传给别人了。"小女孩点点头。Grace 老师从我手中接过水杯放到小女孩跟前。艳用纸巾擦掉眼泪很有礼貌地说了声"谢谢"。

这事看似平常却给我留下非常深刻的印象，两位老师处理的是同样一件事，一个说"不要对着小朋友咳嗽"，却没有告诉她怎样做，结果艳又冲着小朋友咳嗽了，显然她不是故意的。但那位助教老师不高兴了，被批评的艳也委屈地哭了。而第二位老师用肢体和语言表示对艳的关怀和理解，然后告诉她咳嗽时应该怎样做，告诉她这样做的原因，并示范给她看。后来我注意到艳再咳嗽的时候果然转过身去用双手捂着嘴，偶尔忘记了，咳嗽完她马上捂一下嘴巴。

此后，我对我的学生及对自己的孩子说话时，时常提醒自己，要讲积极的话，用"要"代替"不要"，用平静自然的语调，让他们知道做一件事有几种不同的方法，并用积极的态度告诉他们正确的方式。例如：

当我看到小朋友用笔往桌子上画时，我会对他说"喔，小明想要画画，这是一张纸，记得画画时要画到纸上"，代替"不要往桌上画，告诉你一百遍都不记得"。

当我看到2岁的小孩站在椅子上时，我会说"椅子是用来坐的，双脚是要站在地上的，站到椅子上会摔倒的"，并帮助他下来，代替"不要站在椅子上，好危险的，不乖"。

当我要阻止小朋友喧哗时，我会说"小朋友，说话声轻一点，不然别人无法集中精力做事"，代替"别吵了，吵得我的头都痛了"。

我通常会蹲下来，握住孩子的手，注视着他们的眼睛，用温和却坚定的口气告诉他们正确的做法。这样做，既不伤害他们的自尊，又让他们知道他们的行为是有限度的。

对2岁以下的孩子说话不能长篇大论，要语句简单、明了，只针对事情本身。

当孩子出现状况时，请不要马上反应，看一下是什么原因引起的，然后找出解决办法。

有一次我6岁的儿子在吃早餐时，对正在厨房忙碌的我说："妈妈，我要喝牛奶。"我说："好啊，牛奶在冰箱里，你去拿吧。"没过两分钟只听他"啊"的一叫，我顺着声音望去，只见杯子倒了，牛奶洒在桌子上，儿子偷偷地看着我，看我有什么反应。我心平气和地说："纸巾就在你旁边，把桌子擦干净就好了。"没过两分钟儿子又"啊"的一叫，牛奶又洒了。我急了，从厨房冲了过去说："你今天怎么了，连牛奶都不会倒了。"我一边责备儿子一边帮他擦桌子。当我随手拎起牛奶罐时，发现满满的几升牛奶的确很重，我拿过来一个杯子，有意用一只手倒一杯牛奶，感觉还真的有些吃力。于是我对垂头丧气的儿子说："不要难过了，妈妈知道你倒洒的原因了，是牛奶罐太重了，以后妈妈买小瓶的牛奶，你就不会倒洒了。"从此以后，我都会买小包的牛奶，儿子倒牛奶时也不再倒洒。

当孩子把他在学校或和小朋友玩时遇到的烦恼向父母讲述时，父母要有积极的反应。当父母表示理解他的感觉时，孩子才会敞开心扉，告诉我们事情的经过，我们也就有机会开导他们，告诉他们处理事情的不同方法。若不等孩子讲完就批评、论断的话，孩子不但不接受我们所说的，还会向我们关闭他们的想法，他们会想：反正妈妈也不理解，我干脆就不说了。有的时候当他们把事情的经过及他们的感受对人讲了以后，他们自己就清楚了，得到答案了，不用我们大人纠正，他们自己就解决了问题。

在批评或表扬孩子时，要注意对事不对人的原则。比如，你让孩子收拾玩具他没收拾，不要骂他懒。因为那样不但不能解决问题，还让孩子对自己的性格、人格有了错误的估量。只需用简单、具体的语言，告诉或提醒他。必要时，陪他或示范给他。若你看到孩子将房间整理得很干净，也不必说"你好乖，把房间整理得这么干净"，不如告诉他，你看见地上的一堆书被整齐地摆在书架上，椅子也摆得整整齐齐的，在这样干净的房间看书、做事真舒服，用具体的言语讲述孩子所付出的努力及成果。

一件事情做得对与错还不是关键，重要的是让孩子意识到，在他成长的过程中一直有人关心他、理解他、规正他、接受他、相信他，无论他是聪明还是愚笨，高兴还是沮丧。当他有这样的稳固的爱的基石时，他的情感发展才是健康的，他的人生观才是积极的。他才会用同样的爱去爱别人，同样的理解去理解别人，与喜乐的人同乐，与哀痛的人同哭。

必须承认，我们这些做家长的自己也很难控制自己，我们的爱常常是有条件的，我们的耐心也是有限度的。孩子乖都好说，孩子不乖很难让我们不发火。在我与孩子相处的过程中，我更深刻地认识了我自己，看到自己的短处，也更渴望更希望改变自己，扩大自己的度量，使自己与孩子一同成长，满足孩子心灵深处的需要。

有教育孩子的技巧固然重要，但若没有爱，一切都是空谈。

孩子的心声：妈妈，请这样对我说话好吗？

——妈妈们要学习的语言教育

妈妈，我知道你爱我，我也爱你。对不起，有时因我不听你的话而惹你生气。不过，妈妈，让我来告诉你一个小秘密：其实只要你稍稍改变一下你的说话方式，你会发现原来我很乖。不信你试试看。

❶ 请告诉我该怎样做。
不要说："不要跑。"
请说："在室内要走。"
不要说："我告诉你一百遍了，不能往墙上画。"
请说："画画要画在纸上。"

❷ 请客观，对事不对人。
不要说："你怎么这么不乖呢，我不是告诉你要把看完的书放回书架上吗？"
请说："看过的书要归还到书架上。"

③ 请避免消极的语言。

不要说："别用那样的口气和我说话。"

请说："如果你能像我一样平静地说话，我才能听清楚你要讲的话。"

不要说："你不穿大衣就不可以出去玩儿。"

请说："你穿好大衣我们就出去玩儿。"

④ 请给我一个合理的原因。

不要说："赶快把大衣捡起来。"

请说："把衣服挂起来以免被踩到。"

不要说："别爬桌子。"

请说："桌子是吃饭用的，你可以爬楼梯。"

⑤ 请具体，告诉我具体的名字，具体的要求。

不要说："你把磁碟都弄脏了。"

请说："用手拿磁碟的边缘部分就不会弄脏磁碟。"

⑥ 让我意识到事情的后果。

不要说："不要打明明。"

请说："打明明，他很痛。"

❼当纠正我的不良行为时,请表明你理解我的情绪。

不要说:"你为什么打玛丽,她不是你的朋友吗?你怎么能打她?"

请说:"我知道你很生气,但是你不可以伤害玛丽。"

❽请用行动来说明。

不要说:"你跟我说'早上好'。"

请说:"早上好,阳阳。"

❾我受不了长篇大论。

不要说:"现在不可以出去玩球,去读书,一天到晚只知道玩儿,我像你这么大的时候放学回家就看书复习……"

请说:"做完功课,复习完老师讲的内容,才可以出去玩球。"

❿试一试用陈述句,而不是问句。

不要说:"赶快洗手吃饭,好吗?"

请说:"吃饭的时间到了,赶快去洗手吃饭。"

不要说:"读完这本书后就睡觉,好吗?"

请说:"读完这本书后就睡觉。"

⑪请不要羞辱我。

不要说:"你除了哭还会什么?挺大个男孩真没出息。"

请说:"我知道你很难过,不过……"

⑫给我选择的机会。

不要说:"不可以挑三拣四的,赶快把这件粉色的外套穿上。"

请说:"时间不多了,要穿粉色的外套还是蓝色的外套?"

⑬不要用收回妈妈的爱来惩罚我。

不要说:"如果你不好好吃饭,妈妈就不爱你了。"

请说:"现在是吃饭时间,专心吃饭。"

⑭有时我需要无声的回应。

不要说:"你自己把你最喜爱的玩具弄丢的,哭什么呀!"

行动:默默地用手抚摸孩子的后背。

⑮请不要把我和别人家的孩子比较。

请不要说:"你怎么才考了80分?你看刘阿姨家孩子每次都考100分。"

请说:"你考了80分,比你上次的成绩有进步,想想看,你在哪些方面可以再提高?"

⑯帮我建立信心。

不要说:"你怎么那么没出息,和阿姨讲名字害怕什么?"

请说:"你的名字是恩典的意思,多好听的名字,下次要大声告诉阿姨,她一定也喜欢你的名字。"

⑰请用名言来提醒我。

不要说:"你为什么总是抱怨,我讨厌总抱怨的孩子。"

请说:"记得我们读到的一句名言吗?要凡事感恩。"

⑱做真实的妈妈。

不要说:"讨厌,我一进门就听到你一直大吵,能不能让我安静一会儿?"

请说:"孩子,今天妈妈心情不好,让妈妈回房间安静一会儿。"

5. 礼仪教育

每个民族都有自己的礼仪标准和行为规范，代代相传，为人们所接受、所推崇。虽有些差异，但基本原则是一致的，就是尊重自己、尊重别人、有同情心、设身处地地为他人着想、做事公道、为人正直等。有礼仪的人知道如何待人接物，如何与人和平相处，如何与人交往，如何解决冲突，因此更自信，更有安全感。他的言谈举止得体，做事负责，不固执己见，是一个周围朋友都喜欢和他在一起的人。

礼仪不是与生俱来的，需要后天的教育和不断灌输。孩子6岁以前是个性培养和塑造时期，在这段特殊时期，若有礼仪的示范和教导会使孩子受惠一生。父母是孩子的第一位老师，孩子虽然会受朋友、老师、媒体（电视等）的影响，但影响他最多的还是父母。父母有义不容辞的责任在日常生活中做榜样。常言道："想要别人如何对待自己，就要怎样待人。"同样，想要孩子如何为人处事，父母就要如何行事。孩子小的时候逻辑推理能力有限，对许多要求似懂非懂，但父母如何和朋友、生人打招呼，如何和长辈或年幼的人讲话，甚至说话的语调和肢体语言等孩子都看在眼里，并模仿出来。父母除了要以身作则外，还要在合适的时间里教导孩子，什么是尊重人的态度，教给孩子礼貌的言语、行为，使他们成为负责、快乐、自信、有礼仪的人。

孩子的"坏"行为不是因为孩子"坏"，而是因为3岁以前孩子的语言能力有限，不能清晰地表达他的想法，只能用手脚等肢体来讲话。比如，看到别的小朋友手里的玩具很好玩，他也想玩，他不会用语言来商量，就用手去抢，再加上这个年龄的孩子处于以自我为中心的阶段，不会与人分享物品，他会以为他拿到的就是他的。

我们常看到 2 岁左右的孩子各自玩玩具，让这个年龄的孩子一起分享同一玩具或活动不太容易，而 3 岁以上的孩子喜欢和小朋友一起玩。

2 岁左右的孩子也不太会为别人考虑，所以看到孩子不对的言行，父母不要给孩子贴上"坏孩子"标签，更不能动手打孩子，而是抓住机会耐心地教导孩子，清楚地告诉他哪些言行是好的，哪些言行是不能接受的。例如，"刚才爸爸睡觉时，你小声说话非常好，不会吵到爸爸，爸爸可以休息好。""冬冬在专心地玩积木，你过去就把积木抢走几块，是非常不礼貌的。"让他学习从别人的角度看自己的言行。"你玩玩具时别的小朋友抢你的玩具，你会有怎样的感觉？"然后告诉他该怎样做："你想和冬冬一起玩，你要先问冬冬，可不可以和他一起玩。冬冬若说可以，你要说声谢谢，然后和他一起玩；冬冬若是不同意，那你就等冬冬不玩了，你再玩。"给孩子建立良好的言行习惯，除了父母做榜样外，还需要用简单、具体的语言让孩子知道一些言行准则。

（1）说话礼仪。

①会说并知道什么场合用"请""谢谢""不客气""您好""再见""对不起""没关系"等礼貌用语。父母在日常生活中一定要用这些礼貌用语，那是最好的示范。他常听到这些礼貌用语，他讲话时自然而然地会用这些词语，如此就会成为习惯，这对 6 岁以前的

孩子特别重要。例如"请说""请坐""请喝茶"等。"请"和"谢谢"是连在一起的,请别人做什么事别忘了说"谢谢"。如请孩子帮忙时说:"请帮我把这本书递给妈妈,谢谢。"

"谢谢"和"不客气"又是不可分的。当孩子说"谢谢"时,要记得说"不客气"。

当不小心碰到别人时要说"对不起",若正和别人说话时电话响起来,去接电话前要说:"对不起,我接一下电话。"吃饭时,不小心打嗝或咳嗽要说"对不起",反过来若别人对你说"对不起"时,你要说"没关系"。与人见面时要说"你好",离开时要说"再见"。

②与人说话时的语调要平和。不大喊大叫,也不哼哼唧唧。

③控制音量,如在室内要轻声说话,在操场上可以高声说话,开怀大笑。

④说话要说清楚,不能吞吞吐吐。

⑤不打断别人说话,认真听别人讲话。

(2)行为准则。如下表所示:

行为准则

项目	内容
公共场所	● 在街上要走,不要跑,在操场上可以跑
	● 不大声喧哗
	● 对人有礼貌
	● 给老人或孕妇让路、让座

续表

项目	内容
公共场所	● 不经允许不可以随便碰或拿他人的东西。要一直和照顾你的人在一起，决不可以和陌生人走或上陌生人的车
	● 一旦走丢，要找警察叔叔帮忙，在商店要找工作人员帮忙
	● 注意公共卫生，不可以随便丢东西，父母要随身携带手纸和塑料袋
乘车	● 从家里到车站要有大人陪同
	● 过马路时要特别小心，还要看交通指示灯，"红灯停，绿灯行"
	● 一定要遵守规则，不可马虎，父母一定要以身作则
	● 车来时等车完全停稳，车门敞开时才按顺序上车
	● 不小心东西掉到车旁或车下的地上，不要去拾，而是先告诉父母或售票员
	● 坐在车位上，不要站起或行走
	● 安静不吵闹
	● 保持车内卫生
	● 到站时，不要离车门太近
	● 等车完全停稳，车门敞开后跟着前面的人按顺序下车
餐桌礼仪	教孩子餐桌上的举止最好的地方是在家里。全家人很难坐在一起不慌不忙地用早餐、午餐，而晚餐一周内至少有几次是全家人一起用餐的。用餐前让孩子帮忙摆椅子、餐具并帮助孩子建立以下规矩：
	● 饭前要洗手，吃饭时要坐在椅子上
	● 等家人都到齐后一起用餐

续表

项目	内容
餐桌礼仪	● 吃饭嚼东西时嘴巴尽量闭着
	● 嘴里有饭时不讲话
	● 不喜欢的饭可以少吃一点，不可以抱怨饭做得不好吃
	● 用勺或筷子吃饭，不要直接用手抓着饭吃
	● 用纸巾擦嘴
	● 不小心打嗝时要说"对不起"
	● 吃完饭告诉父母，并询问能否离开

（3）礼仪活动示范。

握手

家长对孩子解释，当遇见他人时，要伸出右手，握住对方的手表示友好，并说："你好。"

邀请别人

对孩子说："如何有礼貌地邀请别人跟你玩？请看妈妈的示范。"

●走到一位正在玩玩具的小朋友那里，在距离他两步远的地方停下来，等一下。当对方停歇时，看着他问："你好，请问你愿意和我一起玩积木吗？"

●如果小朋友说"好"或"愿意"时，要对他说"谢谢"。

●如果小朋友说"不愿意"时，要说"没关系"，再去邀请其他小朋友或自己一个人玩。

对孩子解释，与别人分享食物或玩具要礼貌、友好，但别人有权利拒绝。

想和别人一起玩

对孩子说:"看看妈妈是怎么问别人你是否可以和他一起玩。"

- 走到正在玩积木的冬冬面前。静静地看冬冬摆积木,在合适的时间问冬冬:"冬冬,我可以和你一起玩积木吗?"
- 如果冬冬说"好",对冬冬说声"谢谢",和他一起玩。
- 如果冬冬不同意,就说"没关系,我去问问别人"或自己找玩具玩。

借东西

父亲、母亲、孩子、笔、纸。

- 妈妈在桌子上用笔写字,书桌上有装笔的盒子。
- 父亲(或母亲)邀请孩子观察你是如何借东西(笔)的。
- 父亲站在母亲旁等合适的时候问:"我可以借你的笔用一下吗?"
- 如果母亲借给他,父亲要说:"谢谢,我马上就还给你。"用完后,马上归还,并说"谢谢"。
- 若对方不愿意借,就说"好吧,等你用完后我再用"。

接电话

两三岁的孩子喜欢玩电话玩具,他们会模仿大人的语气自言自语;4岁以上的孩子逐渐明白用电话可以和一个不在身边的亲戚或朋友说话,他们也喜欢接电话。

- 若是奶奶或爷爷的电话,让孩子在电话上与他们交谈。
- 在孩子有了些电话谈话经验后,告诉孩子接电话时要说:"你好,我是佳佳……"虽然看不到对方但讲话要有来有往,你说几句话，对方说几句。

- 声音不要太大。（孩子通常因看不到对方，怕对方听不到就会大声说话）
- 讲完后要说"再见"，最后要把电话放好。

6. 价值观培养

列举希望孩子能建立起来的价值观，如尊重、诚实、勤劳、勇敢、有爱心（同情心）、自制、公正、快乐等。正确的价值观念是利己利人的。选一些关于价值观的儿童读物读给孩子听或讲有关的故事并和孩子一同讨论，当然最好的教导还是生活中的应用。

尊重

尊重包括尊重自己、尊重师长、尊重生命、尊重财物、尊重自然和环境、尊重别人的权利和信仰，待人有礼貌，关心别人的感受。

尊重是双向的。在家里要建立尊重的环境，最重要的是要注意怎样对孩子说话或怎样对待他们。我们对孩子提要求时，常常不讲为什么而是"大人让你做你就做"；当我们做错事时，也不对孩子说"对不起"。对此，我们首先需要改变自己的态度，用礼貌的语言和孩子说话。孩子的事或家里与孩子有关的事也要征求孩子的意见和看法。

尊重孩子，才可以要求孩子尊重别人，言行有礼貌，为别人着想。对孩子的要求要持续，对孩子言行不妥的地方要及时纠正。

可以用具体的事例或者游戏向孩子讲解什么是"尊重"，什么是"不尊重"。

- 妈妈和小明说话时，小明看着妈妈，认真地听。（尊重

父母）
- 小明在花园里把一大朵漂亮的花揪了下来。（不尊重环境）
- 嘲笑有残疾的孩子。（不尊重别人）

诚实——说"真"话

学龄前的孩子都有不说真话的时候。前面提到他们这个年龄分不清真实和不真实的东西，儿童读物和电视又常有想象的故事情节，如小鸟会说话，小白兔去上学等，所以他们在讲话的时候也把想象的东西、希望的想法加到里面。对此，成年人不必骂他说谎，而是告诉他那是他所希望的。

有一次放假回来后，小朋友南茜对我讲，他们假期里去中国了。旁边的小朋友文文也急着告诉我说，她妈妈也带她回中国了。我和文文的妈妈很熟，我知道没有这回事，于是我对她说："你是不是也希望像南茜一样，让妈妈带你回中国。"她说"是"。

有时孩子还会为了取悦于人而"睁着两眼讲瞎话"。例如，家里来了个小朋友，吃饭好乖，妈妈说："冬冬好乖，一大碗的饭都吃光了。"于是丽丽也不甘落后地说："我也好乖，也把饭吃光了。"可她碗里还有多半碗呢。此时，妈妈不要急着戳穿她，而是对她说："你是说，你也会像冬冬一样把饭吃完？你已经吃了一半了，你会把另一半也吃完，是吗？"有的时候孩子为了避免受罚而把责任往别人或小动物身上推，应该马上纠正他。有时孩子会回家告状：幼儿园的老师说什么了，小朋友如何了，您先不要马上怒火中烧，找老师或小朋友的父母评理，而是先询问一下事情的来龙去脉，或许会听到另一个版本。

当孩子讲真话时，父母要予以肯定。例如，孩子很难过地说他不小心把花盆打破了，不必一直追问他是怎么打破的，不要让他为避免惩罚而说谎，要告诉他花盆破了好可惜，下次要小心，不过妈妈很高兴你诚实地告诉我你打破了花盆，诚实比一个漂亮的花盆更重要。

发现孩子说谎要马上纠正，否则久而久之会成为习惯，最后会影响他的品行。一个人再有才能，若诚信有问题，会后患无穷。诚实与环境有直接关系，若父母说谎话却让孩子诚实，不但孩子会困惑，其实是变相地在教孩子说谎。没有人是十全十美的，都会犯错误，但犯错误后还说谎就是错上加错。做父母的要特别留意自己的言语，即使是善意的谎言在孩子面前也要避免。成人常常和孩子一样，为了逃避责任，为了面子，为了取悦于他人而故意说谎。如明明是起来晚了，却当着孩子的面对老师说是家里的闹钟坏了。其实说自己起来晚了是可以理解的，实在不必为了面子而在孩子面前说谎。有时父母还有意无意地让孩子参与说谎，"老师若问你为什么晚了，别说是妈妈起来晚了，就说我们家的闹钟坏了。"这是不好的行为。

同情心

很多孩子1岁以后，对别人难过或受伤有感觉。有安全的情感经历的孩子更容易理解别人的感觉。他在一个爱的环境里，需要得到满足，当他看到别人难过时会有反应。

在与孩子相处的过程中，父母对孩子的反应影响孩子同情心的培养。当孩子摔了一跤，头上磕出一个大包时，父母要安慰孩子说："摔痛了吧，妈妈用冰块敷一敷。""我知道不让你含着奶瓶睡觉你很生气……"父母常常用话语和行动来表达感受及对孩子发生状况时的反应，这些使孩子逐渐学习理解别人的感受，产生同情心。

对别人的同情行为早期表现为：1岁的孩子会不知所措，通常表现是皱眉、看对方或大哭。1岁半以后，他会有行动，如拍对方。

2~2.5岁的孩子会拿东西给对方或用话语安慰，如看到小朋友哭着要妈妈，他会把他自己的玩具给他，或说"不哭，不哭"等。

3~6岁的孩子看到班里年龄小的孩子或新来的小朋友哭或难过时，会去安慰他们，提供帮助，哄他们玩；有时看到年龄小的朋友被欺负，他还会打抱不平。

当父母看到孩子的这种同情行为时，要给予肯定和鼓励，并要很具体地指出他所做的事情是值得表扬的。如"小明哭的时候，我好高兴看到你把你的狗狗玩具给他玩"，而非笼统地夸奖一句"你真乖"。

同情心在当今社会特别需要，特别是对这些生长在蜜罐里的孩子尤为重要。如果他对那些残疾孩子、无家可归的孩子、上不起学的孩子有同情心的话，他会更珍惜他所拥有的，会顾及别人的感受而去帮助他们。如果全社会的人都是如此互相理解，互相帮助，那整个社会将是一个多么和谐温暖的大家庭。

第三节　身体的发展

大肌肉运动

孩子运动的发展顺序是从上到下、从头到脚的，先是头、脖子、上身（躯干），然后是腿。

1个月左右的孩子可以抬起头；2个月左右的孩子可以抬胸；5个月左右的孩子可以坐在妈妈的腿上；6~7个月的孩子可以自己坐；8个月左右的孩子可以爬，并扶着家具站起；11个月左右的孩子可以爬楼梯，并独立站立；1岁左右的孩子可以走路，但两腿分开像小鸭子似的；1~2岁的孩子能够蹲、推、拉、爬、走，走路时用胳膊来保持平衡，喜欢推、拉东西，随音乐摆动身体，喜欢坐在地上来回滚。2~3岁的孩子可以上下楼梯，喜欢跑但不太会转弯或马上停下来，喜欢爬高，可以从最后一级台阶双脚跳下，能够面对目标投球。3~5岁的孩子身体的协调能力明显提高，走路时双脚交替进行，胳膊自然摆动，上下楼梯自如，可以走直线，能够很平稳地跑，并可以随意地拐弯或立即停止，喜欢骑自行车，喜欢在滑梯或运动器材上爬上爬下，能一只手投球并能接球，可以单腿蹦跳，可以做很多平衡运动。

手的发展

孩子的运动发展是从身体的中央向外到胳膊、手和手指。婴儿的第一个动作是抓、握。婴儿从出生起就可以握妈妈的手指。

孩子 4 个半月时，可以够到并抓住东西摇晃，如摇动摇铃。5 个月时，婴孩可以准确地抓住东西，并且可以判断物件可够到的范围。他会用两手握住东西（如奶瓶），探索不同的用途。6 个月时，可以把一个东西从一只手转到另一只手里，并且如果一只手拿奶瓶，另一只手可以拍打奶瓶。8 个月时，可以一手拿一个物件，并且可以把一个物件放到另一个物件上。大约 9 个月时，婴儿会用拇指和食指握住东西。这种用食指和拇指的操作又叫捏、夹。这时他的食指可以和其他手指分开，所以婴孩此时可以用手指指环境中的物件。通过眼睛的注视、手指的指向来和成人用肢体语言交谈。

孩子 1 岁前不会把东西从手中松开递给别人。要想从他手里要东西，要到他手里去拿，所以孩子大概在 1 岁开始（12~18 个月）会搭积木。2 岁的孩子不但可以很熟练地用积木搭物体，还会做很多东西，如 2~4 片的拼图，用蜡笔画画，穿大珠子项链等。3~5 岁的孩子整天忙个不停，用手做各种事情，包括日常生活的基本技能，如吃饭、穿衣、洗漱等；使用各种工具，如剪刀、夹子、筷子、刀等；用手写写画画、剪东西、穿珠子等，做各种手工。

第四节　感官的发展

我们对世界的认知都开始于我们的感官。通过感觉器官，婴儿认识妈妈的长相、品尝妈妈奶水的味道等。这些感官信息在婴儿的大脑里储存起来逐渐成为记忆和知识系统，从而帮助他认识这个世界。

视觉

婴儿一生下来就能看，但视力有限，当光线强弱改变时，婴儿的反应比成人慢。所以光线突然亮起来时，孩子会闭上眼睛。因为婴儿在母体里的环境是暗的，所以孩子房间的光线开始要暗，让孩子逐渐适应。

新生儿看东西或看妈妈的脸时还有些模糊，距离他脸20厘米时，他看得最清楚，等到两三个月时就和成年人相仿了。1个月内的孩子看人脸及其他东西都只是看外围轮廓，2个月后的孩子可以看到中间部分，4个月的孩子，会看到全部。同样当他看妈妈的脸时，他是看妈妈头上的发髻线，或下巴的下部，而不是五官，等到三四个月时，他才能辨认人的五官。

新生儿可以跟踪移动的物件，当物件在婴儿眼前停下，孩子会定睛看一会儿，然后慢慢移动物件，孩子的眼睛会随之移动。

樊兹是第一个发现婴儿看到有规则变化的图案和没有规则变化的图案的行为区别。他发现孩子注视有规则图案物件的时间比看没有规则图案物件的时间长，并且孩子最喜欢看的是人脸。

一些研究发现，孩子喜欢看对比颜色，特别是黑白对比。婴儿看黑白交界处的时间长。樊兹发现婴儿喜欢红色胜过白色。还有一些研究发现婴儿喜欢蓝色、绿色胜过红色。

随着孩子身体的发展，他的视野不断扩大。开始只能按着妈妈放的姿势躺着，平躺或卧躺在小床里时，他的视野是天花板和小床的栏杆以内的部分东西。等他会翻身后，他可以看到更多东西。6个月会坐时，他的视野从平面变为立体。等他会爬时，他不是被动地看，而是主动地向着他锁定的目标前进。他会走时，活动的空间就更大了，他可以从不同的角度看，甚至门后、盒子后面的东西他也可以走过去看到。不是说2岁以内的孩子看到越多东西越好，或要不断地更换玩具，有时恰恰相反，不要给孩子小床上堆放太多的玩具，地上也不要被玩具占领，以免孩子没有安全的活动空间。

电视、电脑的发明，丰富了人类的生活，也带来了很多副作用。很多父母以为电脑是高科技，很早就让孩子玩电脑。有些父母用电视吸引孩子的注意力，将电视视为不花钱的保姆。大多数父母以为看电视对孩子有好处，常听到父母夸奖自己孩子的注意力很集中，坐在电视机前一坐就是好几个小时。其实，由于电视的画面一直更换，对孩子的集中力培养是有损的。所以孩子每天看电视的时间不要太长。很多父母或幼师争辩说看电视可以增加孩子的知识，玩电脑游戏可以培养孩子的手眼协调能力,这一点我不否认,但请记住:这个复杂、丰富的世界有太多的东西需要孩子去看、去探索,并且孩子在这个年龄段需要用感官接触、认识真实的东西——真人、真事、真物,如美丽又有活力的大自然和各种有生命力的东西,如花草、树木、爬虫、飞鸟等,以及与他的生活息息相关的人、事、物。父母、老师给孩子讲故事、读书,是不能用看电视代替的;孩子用手学习生活中的基本技能,如用勺吃饭、用牙刷刷牙、自己学系扣子等手眼协调活动是不能用电脑游戏代替的。孩子应主动地参与真实的生活,而不是被动地陶醉在虚拟的画面和游戏里。2岁以内的孩子不需要电脑,电视也不要看太多,不看绝无妨。在美国,口碑较好的幼儿园很少有电视,电脑也很少用,即使有电脑也只当作一项认知活动而已。

听觉

新生儿生下来就能听到声音,他们对新的声音有反应。当他听到一种声音时会转向发声音的方向,很警觉地寻找声源。研究人员发现,5~10秒的声音最易引起孩子的兴趣,而持续几分钟的声音会使孩子失去兴趣。所以大人说几句话后安静下来,比长篇大论更能引起孩子的注意。

新生儿还能区分高音低音、轻音重音,对太刺耳或奇怪的声音会害怕。当他对某种声音习惯后,就不太感兴趣了。当有新的声音出现时,他又会有反应。婴儿需要听(经历)不同的声音,他更需要在安静的环境中聆听不同的声音。很多父母都会给孩子听音乐,出发点是好的，但作为背景音乐不停地放，孩子会充耳不闻，甚至视为噪声。

父母若想让孩子听一种声音，就要有开头有结尾，并且时间不要太长。无论何种声音都不能代替人发出的声音。婴儿能辨别出妈妈的声音，熟悉、轻柔的声音可以给孩子带来安全感，使婴儿平静安稳。

味觉

新生儿喜欢甜味胜过酸味、苦味和咸味。当新生儿哭的时候给他喂糖水，他会马上停止哭泣。所以当孩子哭得您束手无策的时候，不妨试试喂他点甜水。

触觉

新生儿生下来就对身体的疼痛和触摸有感觉。据研究，早产儿接受抚摸、按摩，比没有接受这些爱抚的孩子体重增加得快。常常看到父母会用手抚摸孩子的后背，特别是把孩子竖着抱起来靠近胸部和肩部抚摸婴儿，会使孩子平静。

可以给婴幼儿预备不同质料的玩具，如皮球、毛线球、布料球等。另外有一种 1 岁半到 2 岁半孩子玩不腻的活动，就是用一个大一点的盆，里面装进玉米面，放一个小杯子、小勺子、小锄子，让孩子玩耍。

第五节　语言的发展

婴儿阶段

孩子从母体降临到这个陌生的世界，是通过眼看、耳听、口尝、鼻闻及触觉来认识周围世界的。他通过感官所习得的东西甚至情感都可以用语言来表达。孩子语言的发展和母亲或照料者讲话的多少，以及回应孩子说话的积极主动与否有很大关系。孩子最初的哭声、肢体语言被父母及时回应，孩子得到积极的反应，这使他受鼓励，从而向母亲发出更多的信号。婴儿喜欢听声音，特别是母亲及照料者的声音。照料者和他面对面地提高声调、变化语调或有停顿地讲话，会令他高兴，并用动作或声音回应；而成人的轻声细语会让孩子平静或入睡。所以母亲从孩子一出生就要对他讲话，要告诉孩子他周围的人、事、物。

例如，"这是你的手""这是你的奶瓶""这是你的小床，妈妈把你放到床上睡觉"。

"你听到的'咚咚'声是爸爸上楼梯的声音。"

"哦，难怪你哭，原来你尿湿了，妈妈给你换完尿片后，你就会感到好舒服。"

孩子开始是被动地听妈妈讲话，很快他就可以参与谈话了。当照料者和他讲话时，他会"哦、哦"地对话，并和对方能一来一往地"交谈"，用不同的声音表达不同的需要。

孩子喜欢模仿大人，特别是照料者说话的声调、节奏，从而发出咿呀学语声。在孩子真正讲出单字之前，会用手势来交谈，如转头、注视、伸出手来给东西或拿东西，或者要东西；用手指东西；点头表示肯定，摇头是否定；摆手示意再见；举起双臂要抱抱等。

1岁多的孩子会用单字来表达周围的人、事、物，如听到开门声，孩子叫"爸爸，爸爸"，他的意思是"爸爸走了"。父母听孩子说话时，要注意语调、手势及孩子说话的背景，正确理解孩子讲的字或词所要表达的意思并给予相应的回答或行动。

1.5~3岁

1.5岁左右的孩子会把字连在一起更清楚地表达他的意思，如"佳佳鞋鞋"，表示要妈妈给他穿鞋，而从前只说"鞋鞋"。

2岁的孩子能讲句子，开始意识到语言的作用，这时孩子常常讲"不"。父母要帮助孩子用语言来表达自己的情绪。1.5岁、2岁左右的孩子容易"动手"，这和他的语言发展有关。一般来说，语言表达清楚、流畅的孩子通常不太容易动手。

2岁以后、3岁左右的孩子喜欢讲个不停，并且可以简单地讲述事情的过程，表达抽象的概念。父母不要有意地纠正孩子的语法或用词错误，如孩子说"我昨天要去奶奶家"。妈妈知道她要讲的是明天而非昨天。妈妈应回答："对呀，你明天要去奶奶家。"

研究证明：母亲关注孩子视觉注视的东西或感兴趣的人和事物，并就此与孩子多讲话，有利于孩子词汇的增加，对孩子的语言发展会更好。父母除了日常生活中和孩子自然地交谈外，与孩子一起看书，给孩子讲故事，和孩子做游戏，这些亲子活动不但能帮助孩子集中精力，还可以建立共同注意力。

最常见又几乎是世界通用的婴儿游戏是父母和孩子面对面，父母用手蒙住自己的眼睛说"看不见宝宝了"，然后把手挪开，睁大眼睛，表情惊讶地看着孩子说："在这儿呢。"用头巾搭到孩子（或自己）头上，说："宝宝不见了。"拿下头巾说："宝宝在这儿。"

带有大的画面、文字少的图画书最适合0~3岁的孩子看。图画是孩子和父母建立共同视觉的媒介。父母和孩子看同一幅画，并用手指指点图画，给他们带来话题，能让孩子有很长时间的注意力。童谣、儿歌也是这个年龄段的孩子所喜爱的，对孩子语言的发展非常有益；重复的字句、音乐般的韵律、对比的声调让每个婴幼儿都喜爱不已。

3~6岁

3~6岁的孩子可以简单地讲述自己的经历。例如，运用"你""我""他"告诉小朋友他去动物园的经历等；可以正确地运用"现在""过去""将来"时态及"左右""下面""旁边""前面""后面"等空间概念讲述图片中的内容；他们喜欢与人交谈，能参与小组讨论，讲述自己的经历；可以用语言解决与朋友的冲突，表达自己的感受，自己编故事；喜欢唱歌，背歌谣；喜欢听故事、读书、画画、写字；能辨认环境中常见的字，读写简单的字和句子。

第四章
蒙台梭利活动

孩子天生就是一个观察者,特别是对成人的一举一动感兴趣,并希望模仿成人的行为。就这点而言,成人该肩负一种任务。他可以成为小孩行动的诱因;或成为一本敞开的书,供孩子学习。如果成人肯肩负提供适当指挥的任务,就应该在专心注意他的孩子面前安静、缓缓地行动,好让小孩子看清楚每个细节。

——蒙台梭利

第一节　玩具和玩

目前市面上，孩子的玩具琳琅满目，各式各样。有的玩具很有创意，但也有很多玩具属于商业炒作。其实家长不需要花很多钱在购买玩具上，包括蒙台梭利教具。在美国，我没看到过一个家长为孩子买整套的蒙台梭利教具。如果家长知道孩子身心发展的过程，稍加用心就可以用自家的日常生活用具，甚至包装盒、奶粉瓶、可乐瓶、矿泉水瓶等物品，都可以为孩子设计经济实惠的教具。在本书中的活动部分会有详细说明，和孩子互动的传统游戏更是不可缺少。在孩子成长过程中，有两种玩具一定要具备：一是拼图，二是积木。

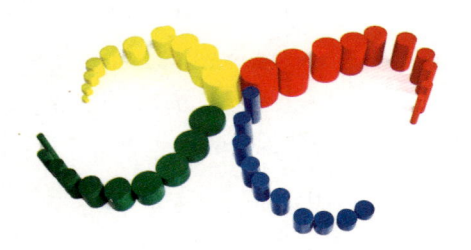

拼图

拼图对孩子发展手眼的协调能力特别有帮助。根据孩子的年龄先买简单的、片儿数少的拼图，逐渐增加难度。1岁以内的孩子玩只有一个图案的拼图，如圆形，并且带有大一点的纽，便于孩子抓；一两岁的孩子适合玩两三个大片的拼图；三四岁的孩子可以摆20片以下的拼图；四五岁的孩子可摆更复杂的拼图。动物、花卉、交通工具等图案的拼图都是小朋友所喜爱的。有的拼图板上有供孩子抓握的凸状纽，孩子小时买粗的，逐渐买细的。玩拼图除了有助于训练孩子的手眼协调能力外，对孩子认、读、写能力的发展也有助益。例如，英文字就是几个字母组合在一起的，中文字分上下左右结构，由点、横、竖、撇、捺组成，不同的字母或笔画组成不同的字，正如拼图，所以经常玩拼图的孩子通常阅读不觉得吃力。另外抓钮的动作是三指抓，能帮助孩子锻炼手指的力度，为孩子握笔写字打下良好的基础。很多片的纸版拼图常常会因丢了几片而不能玩了，丢掉又可惜，可以把它用在美工制作上，画图或画水彩画时，用糨糊粘几片拼图放上，会有意想不到的效果，或贴在画图纸的四周成框。

积木

在所有的玩具中，积木是大多数孩子的最爱，实用性经久不衰。小朋友用积木可以做很多事，可以一个挨一个地搭火车，一个叠一个地向上搭高楼等；还可以在积木堆里找到相同颜色的积木，或相同形状的积木，再难一点可以找到同颜色、同形状的积木；认识几何体的形状、名称及组合等。孩子利用积木可以学习重量、平衡、空间等知识。

第二节　实例观察与分析

孩子都喜欢玩，玩是孩子生活的一部分。对于3岁以下的孩子来说，玩的过程就是学习的过程，而且也是最自然、最有效、最符合孩子天性的方式。当孩子对着妈妈笑，和妈妈"哦哦"地一来一往谈话时，他在学习如何使妈妈有反应，学习与人交往。当孩子把自己的小拳头放到嘴里，拿出来举在眼前看时，他在认识他身体的部位。只要够得着的东西他都喜欢拿来玩，用口尝、翻过来看、往地板上敲等方式来认识他所拿到的东西，认识它的味道、形状、质地等。当孩子从楼梯爬上爬下时，他在学习胳膊、腿的协调技能；当和妈妈玩捉迷藏时，他会了解到，当人或物被挡住或不在视线范围内时，他（它）们仍然是存在的；当他把东西一个个堆起来时，他在学习东西的大小、形状和平衡……孩子通过玩（工作），为他的发展打下良好的基础。

蒙台梭利教育理念和方法是基于对孩子自发行为的观察。无论是老师还是家长，只有通过观察才能真正了解和帮助孩子。

看和观察是不同的。看一个孩子，我们会从我们自身的经验来解释、判断，我们只是看我们想要看的。而观察一个孩子，我们要从主观的感受转到客观的事实。通过观察孩子来了解和懂得孩子的真实（True Nature）属性。

观察孩子可以：

（1）帮助我们了解孩子是什么样的人。

（2）帮助我们和孩子建立关系。

（3）帮助老师为孩子制订计划。

（4）了解孩子的特别需要。

记录观察的结果，可用于帮助幼儿教师理解儿童的行为以及改进与儿童的兴趣和能力相关的现行课程计划。我们会对儿童为什么做某些事情，什么时候可能会做什么事情有更多的了解。而没有相关的知识，就会误解儿童的行为，而这无疑会给大家的生活带来困扰。观察记录儿童的行为融合教师的两大职责：行动和反思。

蒙台梭利强调，成人要成为观察者。父母被孩子观察模仿的同时，父母要会观察孩子。活动的安排是基于孩子的需要，孩子的需要是通过观察而知晓的。蒙台梭利教育可以帮助父母观察孩子，使父母知道观察什么，每个年龄段孩子的情感、智力、体能方面的特点是什么，父母要如何协助等。

推车

时间：下午4:00~4:05，孩子们已经睡完午觉，吃完下午的加餐。

地点：家庭幼儿园，有5个1.5~3岁的孩子。

人物：洁熙，23个月。

洁熙把书、垫子、玩具毛毛狗放到购物车里,然后向前推车。她看到地上有一个消防员的帽子,就捡起来戴在头上。帽子太大,遮住了她的眼睛,她停下来把帽子戴好,然后继续推车。她推得非常熟练,很轻松地经过小朋友和桌子。突然,车停住了,洁熙用力推,车还是不动。她蹲下来查看车的底部,但没发现什么问题。她站起来又试着推车,还是推不动。她过去找老师,用她的右手拽住老师的手,左手指着推车说:"车车不动了。"老师走过去帮忙,在四周看看车底,然后指着前轮子,原来一个玩具小熊挡住了前轮子。老师把玩具小熊拿起给洁熙,洁熙好高兴,对老师说:"谢谢。"然后把玩具小熊抱在怀里,用手拍拍玩具小熊的后背,把它放到购物车里,继续推车。

对于上面的活动,我们可以进行如下分析。

智力发展:洁熙知道购物车是装东西的,所以她把书、垫子、玩具毛毛狗都放到车上。她知道帽子是戴在头上的,她把消防员的帽子戴在头上。当她发现车子卡住了动不了,她知道问题是出在车底部,她蹲下来查看车子的底部。洁熙有解决问题的能力:当帽子挡住她的眼睛时,她停下来把帽子戴好。当车子推不动时,她用力推,车还是不动,就蹲下来查看车子底部。当她自己无法解决时,就找老师帮忙。用语言、手势来寻求帮助,直到问题解决。

语言发展:当她需要帮助时,她用语言("车车不动了")、用手势(右手拽住老师,左手指着推车)来和老师沟通,寻求帮助。老师帮她解决了问题,并给她玩具小熊时,洁熙说"谢谢",她知道用语言来表达谢意。

运动：她的动作很熟练。她把书、垫子、玩具毛毛狗放到车里；拾起消防帽，戴在头上；她很熟练地推车，很轻松地经过小朋友和桌子。

手的活动：拾起东西，推车。

过家家

时间：上午 10：00~10：10。

地点：美国家庭幼儿园。

人物：朱莉、美约、南希、微微……

朱莉躺在一只玩具小毛狗的身上，美约左手拿着一个苹果放在嘴边，右手拿着一根香蕉放在耳朵上装作打电话。

"月月，你知道吗，我刚刚生了个小宝宝！对，好，再见。"美约放下香蕉和苹果，拿起一个小奶瓶喂朱莉吃奶。这时，南希走了过来。

美约对着南希说："你看看我的小宝宝，这么乖，一直喝牛奶。小宝宝，妈妈给你唱支歌吧。'玛丽有只小绵羊……'"

朱莉："我喝完了。"

美约："还没有。"

南希："我走了，回家吃饭去了。再见。"

美约："再见，下次见。"美约站起来对正在用纸巾擦桌子的微微说："你是姐姐，要陪小宝宝呀，妈妈要去商店买东西了。"

微微："我要妈妈。"

美约:"你长大了,要陪小宝宝,妈妈马上就回来,大灰狼敲门不要开门呀。"

"过家家"游戏在孩子的语言、情感及社交能力的培养上都起着非常重要的作用。孩子在一岁半后就开始了各种"假装":先是拿实物给自己用,如拿杯子放在唇边假装喝水,这个时候玩的内容和道具都是来自他的日常生活。渐渐地,开始用杯子喂小玩具喝水。2岁后,想象力继续发展,如美约用香蕉当电话,并开始与其他小朋友一起玩。随着孩子年龄的增长和智力的发展,"过家家"的情节也逐渐复杂。

在观察中,我惊讶地发现孩子们有很强的组织能力、合作能力及解决问题的能力。他们一起协商,一起出主意,有了冲突彼此协调解决,或是大点的孩子帮助解决。当每个人找到自己的角色后,就根据自己的角色用相应的语言和行为来配合。例如,这个例子中的小朋友虽然都只是两三岁的年龄,却配合得非常恰当。美约是妈妈,所以她模仿大人的口气对她的小宝宝讲话,用了许多命令语句。而平常爱讲话的朱莉却因为自己是小宝宝而尽量不讲话也不走动;南希和微微也根据她们各自的角色而相应地做配合。自从南希同小朋友一起玩过家家以来,她的讲话能力有了明显提高。仔细观察就会发现,孩子们兼有编剧、导演和演员的天赋。他们用简陋的道具,根据他们的生活经历,融入他们听到的故事,电视里看到的画面,发挥他们的想象力,一起配合着演出了许多可爱的小片段。

目前,对情绪行为有问题的孩子有种"玩的疗法",其中一项就是用过家家的方式,让孩子通过玩,把他们心中的焦虑、不安、恐惧及愤怒等消极的东西倒出来，借此帮助他们理解、理顺事情的因果关系。

父母可配合做环境的布置者、观察者和配合者，可将家里某个房间的一角布置成玩过家家的地方。其实道具非常简单，如大人用过的衣服、帽子及背包等。孩子们非常喜欢穿大人的衣服，来扮演爸爸妈妈。有时也可以放一些小杯子、小碗、小勺及菜单，将过家家一角变成餐厅。家里若有一个以上孩子，一般大些的孩子（通常8岁以下）会带着年龄小的孩子玩。若家里只有一个孩子，他通常也会自己玩，但有时就要拉父母做配合。父母要尽量顺着孩子的思路，按照他们的安排来演自己的角色，必要时给予相应的提示或建议，帮助孩子把内心的情感想法及经历用语言及行为表达出来。在享受天伦之乐的同时，也在陪伴孩子经历情感的成长。

第三节　开展适合孩子身心发展的活动

　　为孩子预备合适的环境，对孩子的发展有所了解，并且知道观察孩子的一些方法后，接下来父母要做的是为孩子开展适合他身心发展的活动。

　　父母给孩子安排活动时，要给孩子准备那些父母示范后他们能独立并重复练习的活动，还要考虑到每个细节，如倒水活动，不但要预备两个真的小杯子，还要预备一个大小合适的托盘托着这两个杯子。

　　活动预备好之后，父母要自己做几遍，找到最有效、最准确的方法，然后慢慢地，一个动作一个动作地分解并用笔记下每个分解步骤。例如，扫地，哪个手握扫把，先往哪个方向扫等，每次示范时都做出一样的步骤以便孩子掌握。

　　示范时动作要慢，态度要认真，每一步做完后稍停一下。孩子在练习时父母要心平气和，不要急于求成；父母一急，孩子会紧张。父母要学会欣赏孩子的学习过程，由开始的笨手笨脚到熟练做完活动，每一步都是不可缺少的。孩子在练习时犯错误是难免的，这是学习过程的一部分，父母不必马上纠正，而是记住在哪里出错了，下次在示范时多做强调。复杂的活动可以分段介绍，一段掌握后再介绍下一段。

孩子专注地做活动时父母不要打扰。有时一句表扬的话，如"真棒"会打断孩子的注意力。培养孩子的集中力、专注力非常重要。一个坐不住的人很难成就一件事。孩子在重复专注地做活动时，他内在发展的需要得到了满足，而不是为了获得别人的表扬。父母太多的褒贬会让孩子从自己内心发展的需要转移到讨好他人，使他学习的积极性减弱。一个活动掌握后，不要马上挪走活动使用过的物品，而是在介绍新活动时还保留前一个已经熟练掌握的活动中的物品，直到孩子对那个活动完全失去兴趣时再挪走用过的物品。

第四节 0~3岁儿童的活动

0~3个月

给0~3个月孩子预备活动是为了让孩子更快地认识和适应他的新环境。0~3个月的婴儿因运动能力有限,所以活动大多是感官活动,如视觉、听觉等。孩子刚来到这个世界,一切都是新奇的,所以第一周孩子不需要特别的刺激,父母一定要给孩子安静的时间让他自己来观察、吸收。两周后把一两张视觉鲜艳的图案贴在离他脸20厘米的地方,让孩子自己去看那些他这个年龄喜欢看的东西。有些需要父母和他一起互动的游戏,一定要在孩子吃好、睡好、心情好的时候和他一起玩,并且时间不要太长,孩子一旦不感兴趣了或烦了,要立刻停下来,过度刺激婴儿会适得其反。

视觉活动

1. 简单的方法

(1)妈妈和孩子面对面20厘米左右的距离,向孩子微笑、讲话。

（2）喂奶时，孩子停下来看妈妈时，和孩子微笑、讲话。

（3）把妈妈放大的照片挂在婴儿床上或附近的墙上。

（4）把斑马、熊猫的图片剪下来贴到白纸上，贴或挂到婴儿床旁或附近的墙上。

（5）在天气好的时候，抱孩子去户外，看看蓝天白云、绿树红墙、动物和植物等。

2. 父母自制视觉图片

笑脸

材料：

一张白纸板（或白纸盘子）、一张黑色图画纸、一瓶胶水、一把剪刀。

制作与使用：

把白纸板剪成圆形。用剪刀剪黑色图画纸，剪出两个图片当做眼睛、一个三角片当做鼻子、一个月牙片当做嘴巴。用胶水把剪好的眼睛、鼻子、嘴巴的纸片粘到圆形白纸板上。把笑脸纸板挂到婴儿床上。

棋盘

材料：

一张白纸板（或白纸）、一张黑色图画纸、一瓶胶水、一把剪刀。

制作与使用：

把白纸（板）剪成正方形。将黑色图画纸

剪成 4 个小正方形，将 4 个小正方形贴到白正方形的相应位置，形成棋盘。把棋盘贴或挂到婴儿床上或墙上。

说明：

随着孩子长大，棋盘中的黑色正方形纸片的形状和数量逐渐变小变多。

靶子

材料：

一个白纸盘子或一张圆形白纸、一张黑色图画纸、一瓶胶水、一把剪刀。

制作与使用：

把黑色图画纸剪成一个小圆形，再剪一个大一点的黑圆圈。把小圆形贴在白纸盘中间，黑圆圈贴在白盘子从边缘到中心的二分之一处。

说明：

黑圆圈纸片的数量可随着孩子年龄的增长而适量增加。

胶卷筒

材料：

一个胶卷筒、白胶带、一把剪刀、一根白毛线。

制作与使用：

用剪刀把胶带剪成两个小细条。把两个小细条分别贴到胶卷筒的两端。把白毛线系在胶卷筒的中间。拿住白毛线使胶卷筒停在孩子眼睛前方 20 厘米的距离。先在孩子眼前停顿一会儿，让孩子定睛看一会儿，再在孩子眼前左右移动。孩子无兴趣时停下。

黑白视觉挂图20种用法

我们都知道孩子是用感官来认识周围的世界的。其中用得最多的就是他的眼睛。孩子一出生就有很多视觉本能,也就是与生俱来的视觉能力:

(1)婴儿一出生就能看。

(2)新生儿的瞳孔对光的强弱有直觉反应。

(3)婴儿能分辨白天和黑夜。

(4)婴儿和成人一样会眨眼。如果灯光太强了,他会闭眼来保护自己。

(5)婴儿天生就有分辨不同图形和图案的能力。

(6)3个月以上的婴儿可以看较复杂的图案。

在0~6岁孩子的视觉发展中还有一个特别的时期叫作视觉敏感期。在100多年前蒙台梭利博士就已经发现了这一点,现代心理学实验也逐渐印证了这一说法。二十多年前,我在纽约大学读研究生的时候学习到:美国著名心理学家樊兹等通过实验发现:孩子喜欢看对比颜色,特别是黑白色的对比。并且婴儿更喜欢看有规则变化的图案。当时我非常好奇,他们是怎样做的实验?实验当中又用了哪些图形?几年后,在一次社区图书馆卖书的活动中,我无意间发现了一本看似普通却极宝贵的旧书,翻开此书,我发现了樊兹和其他心理学家们当年做视觉实验的论文。我如获至宝,一遍又一遍地阅读。于是我根据他们的研究结论和他们当时实验用的图片，设计和编写了《儿童视觉艺术：观察篇》。其中包括视觉黑白、视觉彩图和视觉名画。这套书采用粘贴、印涂、撕画、编制等手法编写，还配有歌谣、小游戏和专家提示。书中的图画都是我手工制作的，受到了孩子、家长及老师们的好评。

以下是黑白视觉挂图的二十种用法。

前八种方法适用于0~1岁的孩子。

（1）把挂图挂在墙上，妈妈抱着孩子一起翻挂图看。

（2）把两三张黑白相间的视觉图贴在墙上，大约是成人视觉水平线的高度。婴儿吃好睡好后妈妈抱着孩子手指着图片和孩子一起看这些挂图。

（3）几个月大的新生儿，孩子躺在床上或躺椅上，父母拿着一张挂图在距孩子一二十厘米的距离让孩子看图，在孩子眼前停一会儿，等孩子的眼睛盯住影像时，再把图片左右移动。

（4）把两三张视觉图片贴到孩子的小床栏杆上，孩子躺在小床上看图片。

（5）将图片用线绳从天花板上垂下来距孩子面部一二十厘米的高度，一两周换一次图片，孩子躺在小床上可以自己看这些图案。

（6）睡觉前，家长和孩子一起看图片、认图形。

（7）把图镶在镜框中，挂在孩子的视觉水平线高度，装饰孩子的房间。

（8）在两套同样的挂图里，选几对儿图片，和孩子玩配对的游戏。

以下方法适用于2岁的孩子。

（9）让孩子用大图和小图配对。（通常挂图最后一页会有同样图的小图）

（10）教孩子辨认黑色和白色。家长指着黑色图形说黑色，指着白色部分说白色。

（11）描图形。家长用手指描图形，然后说出图形名称，让孩子用手指在图形上描。

（12）用圆形图（雪人）、斜塔形图教孩子大小的概念。

（13）用斜线图教孩子长短的概念。

（14）教孩子数葡萄、数花瓣儿的个数等。

（15）教孩子直线、曲线、粗线、细线等有关线的概念。

（16）自己制作视觉图形。剪一些黑色图形，用胶水粘到白纸上，或将白色图形贴到黑纸上。

（17）图形拼图。选几张图，如笑脸、心形、箭靶形等，用剪刀剪开制作拼图。开始时将图形对折剪成两半，当孩子很容易就能拼上后，再剪成四半，最后选些图形，用不规则图形让孩子拼。

（18）认图形。根据孩子的年龄、能力，选几张图片放到孩子面前，家长讲述一张图形的特征，如"我看到一张图形是由小圆点组成的,看起来像倒三角形"。孩子指这张图。家长再讲另一张图形。

(19)棋盘游戏。预备30个小扣,15个白色、15个黑色。在棋盘的白方块上放黑纽扣,黑方块上放白纽扣。(家长先示范,然后让孩子试做)

(20)走迷宫。把一个小动物玩具放到迷宫中心,让孩子帮助小动物走出迷宫。

听力活动

可以通过下面的方法来进行。

(1)妈妈同孩子面对面讲话。

(2)在孩子的左右方向叫孩子的名字。

(3)在婴儿的不同方向前后左右用铃铛或摇铃(花楞棒)发声,孩子会顺着声音的方向转头,去寻找声音的源头。

(4)用不同物件敲出声音,如木头、碗筷等。

(5)同样物件在近处或远处发声。

4个月~1岁

孩子4个月~1岁时,可以让他进行下面一些活动。

(1)把手摇铃(花楞棒)放到他手里。他会握住,盯着看并有意无意地摇出声来。

(2)让孩子自己握住奶瓶吃奶、喝水。

（3）开关。开关盒子、抽屉等。

（4）装入、倒出。准备一个稍大的塑料桶或罐子，把大大小小、颜色鲜艳的球装入，再倒出。

（5）预备大一点的玩具车，让孩子在地毯上前后推拉。

（6）家里若有钢琴，抱着孩子坐在钢琴椅子上弹低音，再弹高音。

（7）夏天带孩子去树下，听鸟儿的叫声。录下不同的声音放给孩子听。例如，妈妈说话的声音、笑声，孩子的哭声，大自然里的鸟鸣声、海涛声等。注意每次给孩子放一种声音，孩子感兴趣再放另一种声音，孩子不感兴趣就关掉。

（8）放古典音乐，如莫扎特的钢琴曲等。

（9）和孩子谈话，给孩子唱摇篮曲、童谣（上面这些活动也适合大点儿的孩子）。

（10）为孩子准备有很少文字或没文字、简单、清晰、与孩子生活有关的图画书。

（11）帽子游戏。妈妈坐在孩子对面，戴上一顶帽子，和孩子玩"是妈妈吗"的游戏，然后换上另一顶帽子继续玩。

（12）"玩具不见了"游戏。把小玩具藏到毛巾或手绢下面，露出玩具的一小部分，让孩子找玩具。

（13）妈妈和孩子面对面坐着，妈妈手里拿一个孩子喜欢的带响声的玩具，两手藏到背后，拿玩具那只手从背后伸出来时，同时叫孩子的名字。可以左手拿玩具出来，再右手拿，按左右左右的顺序，孩子的眼睛就会随着玩具出现的方向看，左手还没伸出来，孩子的眼睛就会往左边看，在这个过程中，孩子会形成"顺序"的概念。

（14）告诉孩子周围物品的名称。

（15）带孩子到镜子跟前，认识他自己以及他身体的各个部位。

运动部分活动参考本书第二章。（4个月到1.5岁的环境布置）

自己动手做玩具

塑料滚筒

材料及工具：两个同样大小的雪碧塑料瓶、一把剪刀、红色或黄色胶带、两三个小铃铛、大红豆半小勺、带颜色的小瓶盖儿等。

制作：

（1）用剪刀把两个雪碧瓶的上端剪掉，留下直筒形部分。

（2）把小铃铛、红豆、带颜色的小瓶盖等放到其中一个直筒里。

（3）把两个直筒开口处对插。

（4）用胶带把接口处缠紧。

（5）再在另一端对称的地方缠胶带来修饰。

（剪下来的部分，拧紧瓶盖儿，也可以用同样方法制作滚筒。）

用法：

（1）举到距孩子眼睛20~30厘米的地方，停一下，然后左右移动、上下移动。

（2）放到地毯上距孩子不远处，鼓励孩子伸手去够和爬过去。

（3）孩子躺在床上，把滚筒放到孩子的脚前，孩子蹬腿时会发出声音。

说明：也可以用两个果汁盒子剪成两半，晾干，合在一起做成正方体的盒子，里面放豆或小铃铛。把做好的立方体盒子放到孩子够得着的地方，孩子拿到后可以摇晃。

1~1.5岁

这一时期，可以给孩子准备的活动或材料有以下这些。

（1）让孩子坐在椅子上，握住杯子喝水。

（2）两三个不同大小的盒子，摞成塔状。

（3）大小不等的药瓶、茶叶罐、食品罐，按大小排列或者摞成塔状。

（4）玩10块以内的积木。

（5）玩大块的拼图。

（6）两三套带盖子的锅，给锅盖和锅配对。

（7）一个盒子或塑料饭盒，中间剪出圆洞，把小物品从洞口放入。同样方法，剪成圆形，把乒乓球从洞口放入。剪成方形，把方形积木从洞口放入。

以上活动逐渐增加数量，如盒子由3个增加到5个。

（8）告诉孩子家庭环境中物品的名称，如家具、电器的名称。

（9）注意并解读孩子的肢体语言，如用手指东西、伸出双手让抱抱等并予以回应。

（10）做孩子的翻译。比如孩子指着他的杯子，妈妈可以说：

"这是佳佳的杯子"或"佳佳要喝水吗"。

（11）玩具杯子、玩具碗、玩具勺，让孩子用来假装喂自己。

（12）与孩子生活有关的书，材质为硬纸板，配图清晰、明了，一页有一句话的文字或有押韵、重复的字句，这样的书都适合这个年龄段的孩子。

（13）给孩子红黄蓝三支蜡笔和一张白纸，让孩子随意画。

（14）把一种或两种水彩颜料各挤一两滴到可封口的塑料袋里，封住口，让孩子用手在上面作手指画。

（15）给孩子玩面团或黏土。

1.5~3岁

日常生活活动

1. 活动目的

培养孩子的手眼协调能力、集中力、独立能力和秩序感。

2. 活动方法

（1）用一个托盘，上面放两个碗，一个碗里面放小棉花球或豆子。让孩子用一只手抓棉花或豆子放到另一个碗里，然后练习双手抓。

（2）用一个托盘，上面放两个小杯子，一个杯子里装多半杯米粒。让孩子把米粒从一个杯子倒入另一个杯子里。

（3）用一个托盘，上面放一个勺、两个碗，一个碗里装多半碗豆子。孩子用勺把豆子从一个碗里放到另一个碗里，学习用勺，为自己吃饭做准备。

（4）在一个托盘上放两个杯子，一个杯子里装有多半杯水。让孩子把水从一个杯子倒入另一个杯子里。这个活动可以培养孩子的集中力、手眼协调能力、独立能力。孩子很快可以自己倒水、倒果汁、倒牛奶。

（5）准备一个托盘，上面放两个小碗（其中一个碗里放少半碗水）、一支滴管。让孩子用滴管吸水，然后在空碗里挤出。这个活动可以培养孩子的注意力、手眼协调能力，让孩子学会三指抓，加强手指力量，为握笔做准备。

（6）准备一个托盘，上面放两个碗（其中一个碗里放少半碗水）、一个海绵块。让孩子把海绵块放入水中，拿起，用双手把水从海绵块里拧到空碗里。

（7）准备一个深一点的托盘或盒子，里面装有玉米面或沙子，放一两个小勺、一个量杯、一个小碗、一个小漏勺，让孩子玩。此活动能培养孩子的手眼协调能力，熟练用吃饭工具帮助自己吃饭，认识容量等概念。

（8）父母做面食时，把一块面团给孩子，也可在面团里加点颜色。给孩子一个小面杖、一把塑料刀和塑料剪刀。这个活动能让孩子练习手的握力，加强手指的灵活力、手眼的协调能力，练习切、剪等动作。

（9）父母做面糊时，加点颜色，面糊变成手指画涂料。桌子上铺一些旧纸，再在上面放一张大的白纸或塑料布。把带有颜色的面糊放入一个碗里，碗里放一个小勺。孩子可以自由涂画。

（10）一个小塑料盒里装满黏土、一把硬塑料锤子、几个木钉。让孩子用锤子把木钉捶入黏土里。

（11）准备一根香蕉、一把进餐用的金属刀或塑料刀、一个小切板。让孩子把香蕉剥皮，用刀切香蕉。若刀刃是锯齿，香蕉不必剥皮，可以直接切。

（12）穿珠子。用鞋带穿大珠子，做成项链。

（13）教孩子穿、脱外套，拉拉锁，系扣子，穿鞋子，系鞋带。

（14）让孩子给鞋子配对。

（15）让孩子给袜子配对。

（16）教孩子扫地。

（17）教孩子擦桌子。

（18）让孩子洗水果。

（19）让孩子给玩具娃娃洗澡。准备一个大一点的盆子、一个不怕水的玩具娃娃、一条小毛巾、一块百洁布、一小瓶乳液。

（20）洗贝壳。准备一个托盘、两三个扁形贝壳、一把小刷子、一个有水的小喷壶、一块干毛巾。

（21）喂玩具鳄鱼吃饭。准备一个托盘，上面放一个张口的玩具鳄鱼、一个装有少半碗豆子的小碗、一个小勺。

感官活动

（1）巧用奶粉桶。

①把空奶粉桶洗净、晾干。

②把奶粉桶的外层纸揭下，可以贴上漂亮鲜艳的彩色纸增加美观度。

③在塑料盖中间画一个圆形、正方形或三角形等，然后用剪刀把图形剪下来。

④根据所剪下的图形，找到3个正方体的积木、3个球体或圆柱体积木等实物放到小碗或小盒里。把装有实物的小碗和剪好的奶粉桶放

到一个托盘上，把正方体积木从正方形的缺口处放入，把球体或圆柱体积木从圆形空缺处放入。

（2）准备3~5个药瓶，一个高度为药瓶一半的长形纸盒，让孩子根据药瓶的形状在纸盒上面依次画圆，用剪刀剪下，把瓶子按大小放入剪出的圆洞里。

（3）准备3~5个形状相同但大小不等的饭盒，拿掉盒盖，让孩子把饭盒按从大到小的顺序排列或一个套一个。

（4）准备3~5根同样颜色、粗细但长短不等的筷子，让孩子按从长到短的顺序排列。

（5）准备3个同样大小的铁盒，里面分别装半盒玉米面、大米、黄豆，盖上铁盒晃动，让孩子听不同的声音，按从大声到小声排列铁盒。

（6）准备3个小矿泉水瓶，一个水瓶里装温水，一个水瓶装热水，一个是刚从冰箱里拿出的凉水，让孩子感受不同的温度。（可先从两瓶开始）

（7）将红黄蓝三张彩纸剪成扑克牌大小的两张红色纸、两张黄色纸、两张蓝色纸，教孩子认红黄蓝3种原色，并进行配对练习。

（8）准备红黄蓝3种颜色的纸板。拿起其中的一种颜色纸板让孩子在房间里找到相同颜色的物品。

（9）找相同颜色的线团或气球配对。

（10）将几对不同颜色的百洁布放到一个小筐里，给百洁布按颜色配对。

（11）把几种蔬菜或水果洗好切成小块，放到碗里，让孩子闭上眼睛或蒙上眼睛，用叉子或筷子夹起一块放到他嘴里，让孩子猜一猜吃的是什么。（练习味觉）

（12）用一个小筐装几种蔬菜或水果，混合装。让孩子闭上眼睛或蒙上眼睛，拿出一种蔬菜或水果用双手摸一摸，说出它的名字。（练习触觉）

（13）几何图形拼图。如正方形、三角形、圆形等。

（14）几何图形配对。用厚纸剪几何图形：三角形、圆形、四方形等，每种图形两个。一组贴到纸板上，另一组和纸板上的图形配对。

（15）选一个平的小木板，上面钉几排钉子，用皮筋在钉子上做拉出练习。

（16）准备装CD的底座和几个圆环，把圆环套到CD的底座上。

（17）积木和图形配对。

语言活动

（1）认识水果。水果篮里装3~5种水果，让孩子拿出一个水果说出名字，同样说出其他水果的名称，然后放回到水果篮里。

（2）认识蔬菜。小筐里放3~5种蔬菜，让孩子取出一种蔬菜，说出蔬菜的名字，同样说出其他蔬菜的名称，然后放回到小筐里。

（3）认识动物。一个小筐（或小袋子）里面装有动物玩具，如猪、马、牛、羊、鸭、鹅等，教孩子认识动物，并说出名称。

（4）准备玩具电话，最好是家里不用的旧电话。让孩子拿起玩具电话或旧电话讲话，并把电话放好。

（5）准备玩具娃娃、玩具床、小毛巾。让孩子抱玩具娃娃，哄他们睡觉，放到床上，盖上小毛巾。

（6）水果配对。准备3~5种水果，每种水果两个，分别放到小筐里，让孩子给相同的水果一一配对。

（7）蔬菜配对。准备3~5种蔬菜，每种蔬菜两个，分别放到小筐里，让孩子给相同的蔬菜配对。

（8）图片和物件配对。塑料刀、塑料勺、塑料叉子和对应的图片轮廓配对。

（9）认识身体部位。准备人体全身部位的图片，让孩子指着身体部位说名称，如眼睛、鼻子、胳膊、腿等。

（10）对图形卡。准备3~5个动物或水果图片，把图片剪成两半，放到小筐或小碟里，让孩子复原。

（11）神秘袋。将几个日常小物件放到小布袋里，让孩子把手放入布袋里，拿到一个物件，用手摸，说出名字。

（12）往扁平的、稍大点的盒子里面撒一层盐，用手指在盐的表面画画、写字。

（13）用蜡笔、马克笔写写画画。

（14）用粉笔在小黑板上写写画画。

（15）拿一个图片讲解图片的内容。

数学活动

（1）认识基本的概念：长短、大小、多少、厚薄，几何图形，立体几何图形（积木）等。

（2）认识1~5或1~10的数字。

（3）认识一对一的概念。

（4）用砂纸剪出1~10这十个数字，分别贴在两个扑克牌大小的纸板上。让孩子用手指描画砂纸数字，认数字和笔画。

（5）在沙子盒或盐盒里练习写数字。

第五节　3~6岁儿童的活动

日常生活活动

3~6岁孩子的日常活动主要学习日常生活的基本技能,包括如何照顾自己、如何维持环境整洁、运动控制、礼仪教育等。

通过学习照顾自己,如洗手、系鞋带、倒水等,使孩子能自立,不依赖别人,自己的事情自己做,从而增强他们的自尊心。通过学习如何维持环境,如照顾小动物、植物,扫地,擦桌子等,增强他们的责任感。当他或别人不小心把桌子弄脏了,他不会若无其事地走开,而是把桌子擦干净。看到花盆里缺水了,他不必告诉老师而是自己接水浇花,从而能在集体的环境里尽自己一份力,使他内心深处得到满足。运动的控制包括:大肌肉运动,如走直线、跑、跳等使身体更协调;小肌肉运动,如用筷子夹东西、穿珠子等,手越用越灵活,越能促进手眼的协调能力,使大脑更灵活。礼仪教育包括如何说"谢谢""对不起",如何与人打招呼,当与人发生冲突时如何用语言来谈判解决、如何寻求帮助等。这些都是现代社会所必需的,也是孩子成长的重要一环。

蒙班的孩子生活在真实的环境里，桌子湿了，孩子们自己擦。地脏了，他们自己扫。他们浇花、喂小动物，彼此邀请吃东西，邀请的人负责照顾被邀请的人……和谐自然的环境为他们的身心发展提供了良好的场所。

活动内容

蒙台梭利日常生活活动包括以下几个方面。

1. 动手操作技能

（1）开关类。开关盒子，打开、拧上瓶盖，开门、关门，开关柜子。

（2）手指抓握。把谷物类等物品用一只手的5根手指从一个碗里抓到另一个碗里。双手用百洁绵（海绵）把水从一个碗拧到另一个碗中。

（3）倒东西。把谷物（豆子等）从一个杯子倒入另一个杯子。把水等液体从一个杯子里倒入另一个杯子里。把豆子从一个大杯子里倒入两个小杯子里。把水从一大杯子里倒入两个小杯子里。通过漏斗把水从一个杯子倒入另一个杯子。

（4）叠东西。叠餐巾纸、叠袜子、叠衣裤。

（5）卷起、放下工作毯。

（6）轻轻拿起、放下物品。如精美易破的物品、装有物品的托盘等。

（7）用剪刀剪黏土条、纸条、带线条的纸条、带有图案的纸、布条。

（8）缝纫。把毛线穿入大塑料针针眼里，用毛线和大塑料针穿入纸板的洞里,用大一号的铁针缝布。

2. 照顾自己

(1)穿脱衣服。如大衣、内外衣、鞋等。

(2)"照料"衣服。把衣服放到衣架上、把衣服放到挂钩上。

(3)学系扣子、拉拉锁、系鞋带。

(4)给皮鞋打油。

(5)洗手、洗脸。

(6)刷牙。

(7)梳头。

3. 维持环境

(1)学用扫把扫地,先扫小范围再扫大范围。

(2)擦地板。

(3)擦桌子。

(4)叠被子。

(5)洗杯子、碗、盘。

(6)浇花。

(7)插花。

4. 食物预备

(1)洗水果。

(2)洗厨具。

(3)用塑料刀切面包、香蕉。

(4)用小刀切黄瓜、芹菜。

5. 礼仪教育

（1）打招呼。先说"您好"，再握手，注意跟别人说话时要看着对方的眼睛。

（2）接电话。

（3）说"谢谢"。

活动示范

以下活动，父母要先给孩子做出示范，然后由孩子去做。

瓶子和瓶盖

材料：

大、中、小3种瓶子或盒子。

操作示范：

（1）把装有瓶子的小筐放到桌子（或工作毯）上。

（2）从中拿出一个瓶子，把盖子拧开，把瓶子和盖子放到桌子上。

（3）同样方法，把其他两个瓶子的盖子拧下放到桌子上。

（4）拿起一个瓶子，找到相应的盖子，拧上去。

（5）同样方法，把其他两个瓶子的盖子找到，拧上去。

（6）把盖好的瓶子一个个放回小筐里。

目的：

培养孩子的手眼协调能力、辨认大小，培养孩子一对一的数学概念，加强手和手指的力量及灵活度。

延伸：

可以用不同大小的螺帽配螺丝钉。

适合年龄：3岁以上。

扫地

材料：

扫帚、簸箕、垃圾桶。

操作示范：

（1）说话以吸引孩子注意，如"哇，地好脏，我们要扫干净。"

（2）拿起扫帚，从远处往中间扫。

（3）把脏东西扫到中央，扫成一小堆。

（4）左手拿簸箕，右手拿扫把，把脏东西扫进簸箕里。

（5）把脏东西从簸箕倒入垃圾桶。

（6）把扫把和簸箕放回原位。

目的：

让孩子学习维持良好环境，保持环境卫生。

适合年龄：3~6岁。

倒豆子

材料：

两个杯子、一个托盘、半杯豆子。

操作示范：

（1）把两个杯子放到托盘上，右边的杯子里装有多半杯豆子。

（2）两手端起托盘，把它放到桌子上。

（3）右手握住右边的杯子。

（4）左手握住左边的杯子。

（5）把豆子倒入左边的杯子里。

（6）做好后，把托盘放回原处。

目的：

教孩子倒东西，加强手眼协调能力，了解一对一概念。

孩子倒豆子熟练后，再练习倒水，最后自己倒牛奶、果汁等。

适合年龄：3 岁以上。

洗手

材料：

洗手液或香皂，毛巾。

操作示范：

（1）让孩子站在厨房或卫生间水池前的踏椅上，挽起衣袖。

（2）打开水管，接多半池温水。

（3）把手放到水里。

（4）在一只手心上挤些洗手液。

（5）两手先对搓，然后用手心搓手背、搓每个手指。

（6）用水把洗手液洗掉。

（7）把水池里的水放掉。

（8）用毛巾擦干每个手指和手掌。

（9）把毛巾放回原处。

目的：

教孩子照顾自己，并完成一项完整的活动。

适合年龄：2.5~4 岁。

剪东西

材料：

儿童使用的剪刀、纸条、小盒或小盘。

操作示范：
（1）一只手握剪刀，另一只手拿纸条或者小盒子。
（2）用小盘接剪下来的碎纸。
（3）剪完后把碎纸倒入垃圾桶里或留下来作贴纸用。
适合年龄：3~6岁。

美术活动

学龄前的儿童非常喜欢美术，无论在家还是在幼儿园，常常可以看见孩子们写写画画、剪纸、贴纸忙个不停。在蒙台梭利教育法中，美术活动占到很大比例，孩子按需要从美术区的书架上取材料，然后做美工。老师每周预备一次美术活动，和孩子们一起做；每年举办一次艺术展，邀请孩子的父母、亲友和孩子一起欣赏。

美术活动能帮助孩子认识周围的世界，表达他们内心的感受，发掘他们的智力潜能，对培养孩子的创造力、想象力、审美力、解决问题的能力等诸多方面都有着非常重要的作用。

> **作者提醒**
>
> 我们在和孩子一起活动时，很重要的一点是强调过程而不是过分看重结果。
>
> 我们在和孩子活动前或过程中，最好能自己先尝试，或和孩子一起做，共同分享其中的快乐。当你有了这种享受、满足感时，才会懂得如何引导孩子，如何欣赏孩子的作品，尊重孩子们的每次努力。因为我们都不是天才美术家，为此我们才更应注重孩子的学习过

程，懂得尝试的过程没有好坏之分。不断地画，孩子才会越画越有信心，越画内容越丰富，越画水平提高越快。

如果我们强调结果，那么我们会急于求成，或对孩子有不切合实际的要求。3岁孩子有3岁孩子的画法，5岁孩子有5岁孩子的内容，成人有成人的意境。即使是同样年龄，每个人也有不同的步伐，不能强求一致。有的时候孩子画出非常漂亮的画，他又在上面涂上不同的颜色，原来漂亮的画面可能变得面目全非，看不出画的是什么，那又有什么关系呢？我们要沉住气，不要指责或阻拦。画出大人认为漂亮的图画不是孩子的目的，探索的过程才是他们的快乐之所在。他们像小科学家一样用颜色和工具去探索、去尝试、去发现、去创新。

给孩子预备适合他年龄的美工用品，如白纸、彩纸、各种笔（蜡笔、马克笔、有色铅笔等）、剪刀、糨糊、水彩等。孩子可以进行以下美术活动。

1. 粘贴

可以利用生活中能用的各种物品，如各种纸（手工纸、墙壁纸、报纸、包装纸等），废旧物品（瓶盖、蜡笔头、毛线头、旧扣子、旧杂志、碎布料块儿等），自然界的东西（羽毛、树叶、沙子、柳絮等），甚至是一些食品（豆子、盐、玉米面、咖啡、茶叶等）。

例如，贴黑白相间图，白纸图形贴到黑纸上，或黑纸图形贴到白纸上。

2. 绘画

绘画包括两种方式：一种是用画笔画，另一种是创意画。

用画笔画可选择的画笔有蜡笔、马克笔、彩笔、油棒等。纸可以选择白纸、手工纸、砂纸，甚至可以拓画，如拓树叶。

创意画是发挥创意，不局限于用画笔画画。有手指画、画板画、弹球画、厨具画、蔬菜印画、棉花团绘画、线绳画、滚筒画、胶管滴画、气球画等。（可参考吉林美术出版社出版的《精彩艺术创想——快乐绘画》）

3. 雕塑

利用棉花糖、小木块、环保物品进行"创作"。

4. 剪刀剪

用塑料剪刀剪橡皮泥长条；剪1厘米宽的白纸条；剪带线的纸条；剪弧形；剪几何图形，如长方形、圆形等；剪画报上的图案等。

5. 编结

可选择的材料有：纸、吸管、彩带、毛线等。

6. 其他

可以做一些折纸、面具等。

孩子画画时家长的7个不要

（1）不要教4岁前的孩子画形象。

（2）不要要求孩子画得像。

（3）不要画形象给孩子看。

（4）不要指导孩子用色。

（5）不要让孩子全部涂满颜色。

（6）不要在孩子专心于作画时去打扰。

（7）不要用赞美去打断孩子的思路。培养孩子的专注力非常重要，即使你发现孩子画得真漂亮，或是画的城堡真华丽，也要守住自己的口。常常一句夸奖的话，也会像把孩子从梦中唤醒一般，使他立刻失去兴趣。

孩子画画时，老师和家长该说什么不该说什么

孩子们拥有与生俱来的绘画能力。与其他很多能力一样，绘画能力会随着孩子的成长自然地表现出来。在欣喜的同时，成人应当学习如何来保护这种能力。我们要做的是为孩子创造适宜的氛围，让他们可以在自由、没有干扰的环境下专注于做他们喜爱的事。其中，最基本的是预备他们所需要的材料。请记住，孩子的作品不是教出来的，而是培养出来的。等孩子过了9岁，系统地教授绘画技巧才开始变得有意义。

《坐着的女人》毕加索

当您的孩子喜欢画画的时候，成人要怎样和孩子对话？

适当的时候谈论:

(1) 用的颜色。

(2) 探索材料时的状态,比如很专心、很喜乐。

(3) 画画过程中遇到哪些问题,是如何解决的。

(4) 有什么新发现。

(5) 画中的故事。

孩子和家长对话列举:

(1) 孩子:"看我画的画。"

家长:"可以和我讲讲你画中的故事吗?"

(2) 孩子:"这个黏土很黏。"

家长:"那你怎么能让黏土不粘手呢?"

(3) 孩子:"这个很有趣。"

家长:"是啊,说说看哪里有趣?"

(4) 孩子:"如果我……结果会怎样呢?"

家长:"好主意,试试看。"

(5) 孩子:"看我做的。"

家长:"能不能告诉我,你是怎么做的?"

(6) 孩子:"看,紫色!"

家长:"你是怎么配成紫色的?我并没有给你紫色水彩哦。"

(7) 孩子用颜料画画:

家长:"如果你不洗笔刷会怎样呢?"

家长:"你能给我讲述一下你的水彩画吗?"

家长:"你在画板上配了一种新颜色,告诉我,你是怎么配成的呢?"

（8）孩子做粘贴：

家长："你怎么让吸管站立起来的?"

家长："哪种胶水最好用?"

（9）孩子画粉笔画：

家长："如果你把粉笔的一部分浸到水里然后再画，效果与粉笔画出的图有什么不同?"

家长："你做得好用心呢，能不能和我分享一下?"

应当避免的谈论如：

"这是什么颜色?"

"好漂亮!"

"你在做什么?"

"你画的人怎么没有鼻子?"

"草莓是长在地里的，你怎么把它画在树上?"

"这哪像苹果啊，来看我怎么画!"

"不要用太多胶水。"

"太阳是金色的，不是紫色的。"

音乐活动

孩子在母腹里就喜欢音乐。孩子出生后，不但马上就能听声音，还能辨明高低音；孩子最喜欢的声音莫过于母亲的声音，妈妈那或抑扬顿挫、或轻声细语的讲话语调，在孩子耳中是最美妙的旋律。

孩子很早就会随着音乐摇摆，喜欢听、说童谣，唱儿童歌曲。父母要给孩子提供丰富的音乐经历，用歌声陪伴孩子成长。例如，唱儿童歌曲，可以家长唱，可以家长和孩子一起唱，也可以全家人一起唱。不要顾虑自己的嗓音如何，在家里就只管尽情地唱，享受音乐带来的喜悦。如果你实在五音不全或怕跑调，可随着音响一起唱。此外，还要和孩子一起听各种类型的音乐，包括古典的、现代的，中国的、外国的，让孩子随着音乐进行舞蹈，和孩子打节拍、节奏，用高低音的游戏来增加孩子的乐感；还要创造机会让孩子接触各种乐器，如管弦乐里的鼓、钹、手鼓、木琴，弦乐器里的吉他、小提琴，管乐器里的笛子、箫，铜管乐器里的喇叭、号等。

你也可以用你的想象力，用日常生活中的物品如锅、杯子等制作各种乐器，给孩子带来意外的惊喜。有的孩子很早就显露出对音乐和对乐器的喜爱，家长要根据孩子的兴趣提供学习环境。有些家庭会给孩子找专业的老师，让孩子参加各样的比赛，创造各种机会来开阔孩子的视野，丰富他的经历，为孩子今后的音乐发展奠定良好的基础。但不同的孩子对音乐的欣赏、对音乐技能的掌握是不同的。虽然每个孩子都喜欢音乐但不是每个孩子都是音乐天才。父母帮助孩子学习乐理知识、欣赏音乐的主要目的是让孩子享受音乐，从而丰富他的生活，提高他的生活品质，使孩子有更快乐的人生。

在这里，提醒每一位家长，不要走入一个误区，就是让孩子来实现自己未实现的梦想。大多数中国家长都喜欢让孩子学钢琴，因为很多父母自己小的时候家里没有条件学钢琴。到了孩子这辈儿，买得起钢琴，也请得起老师，因此不管自己的孩子是否喜欢，是否有音乐才能，觉得反正苦练也能成才，于是孩子和家长走上了痛苦的学钢琴之路。事实上，父母这样做是为了满足自己自私的虚荣心，是不可取的。父母不尊重孩子选择的权利，把自己的愿望强加在孩子身上，即使孩子真的苦练成功了，对孩子来讲又有多大的意义呢？如果成功是建立在痛苦之上，是否真的算得上成功？

在孩子的成长过程中，我也进入过这个误区。在此愿意与家长们分享一下我失败的经历，希望家长们少走不该走的弯路，能按孩子的喜好、天赋而给孩子正确的引导。

在美国华人当中有个不成文的规矩，就是孩子到了6岁左右，不管是男孩还是女孩都要学一样乐器，大多是选择学钢琴，其次是学小提琴。

我的大儿子6岁时，我也加入了这个行列，帮他联系老师给他买琴。开始时孩子和我兴趣都很高，他去学的时候，我也在旁边听。我老公说：你小时候错过了机会，现在和儿子一起学吧。不用他说，其实我从第一次陪儿子学琴那天起就是这么打算的。

孩子回家练琴时，我就在旁边监督并纠正错误，孩子弹完我也上去弹一弹。开始很简单，觉得弹琴没什么难的，"有心就有路"，说不定有一天我可以和儿子同台表演呢！可是，我的美梦没几天就破灭了。随着难度的增加，我顾了看谱就顾不了手，看了谱子大脑半天才反应过来，再去弹已经太慢了。后来只能说自己老了，协调能力差了，很不情愿地放弃了。

大概半年过后，孩子练琴的兴趣大减。每天我要盯在他后面，有时手里拿块糖，有时手里拿把尺子，软硬兼施，可是我一不注意孩子就溜出去玩球了。这样挣扎了一年多。

有一次，我对儿子讲了5遍后，他终于坐下来练琴了。刚练不到10分钟，我去接了个电话，等我接完电话回来，他人已经不在了。我楼上楼下地找，后来发现他在车库里玩球。我气急了把车库的门一关，顶住车库的门对他说："你玩吧，别出来了！"他条件反射地推门，我则顶着门。他在门那边哭，我在门这边流泪。后来觉得自己有些过分，我就跑到自己的房间里问我自己，该怎么办？

回想起来，儿子是一个非常懂事、听话的孩子。他出生以后，我在家做了3年的全职妈妈，母子关系非常亲密。可自从他学钢琴以后，我们的关系就变得非常紧张：为了练钢琴，我骂过他，甚至打过他，自己气得也偷偷地哭过。有时真想让他放弃算了，又怕他以后会遇事知难而退，所以一直叫他要坚持，其实也是说给我自己听的。

有一次，儿子和我商量，可不可以用练球来代替练琴，我毫不含糊地回绝了他。在我的潜意识中，总觉得钢琴很高雅，会弹钢琴是一个多么引人自豪的爱好，这也意味着这个人有很高的音乐素养，人们会向他投以羡慕的目光；而打球能打出什么名堂呢？儿子因此对我很有意见，对弹钢琴更没有兴趣了。每天我催着、逼着，他才勉强弹几下，却是心不在焉。可是一提起篮球、排球，他的眼睛就亮了。

这种日子，孩子难过，做母亲的更难过。于是我像祥林嫂一样见人就问："你家孩子学钢琴吗？""为什么要学？"大多数人给我的答案是：别人家的孩子在学，咱也不能落后呀。有人说孩子学一样乐器，以后上大学会有帮助，也有人说我们从小没机会学，现在孩子有条件了一定要学。这些答案我都耳熟却不能说服我。我曾问儿子和朋友的孩子，他们班有几个人在学钢琴，回答基本上是两三个，而且其中一个或两个是中国人，也就是说在美国，大多数孩子都不会弹钢琴。

我还不甘心，接着找让孩子继续学钢琴的理由，于是我去了图书馆查书，终于找到一本教育的书，里面有专门提到孩子学钢琴的事，我一口气读完这本让我心服口服的书。学乐器的目的是丰富孩子的生活，使孩子有快乐幸福的人生。这大概是每位父母的心愿，可是为什么我的孩子和我很多朋友家的孩子，以及我们这些父母亲却因孩子学钢琴而痛苦不堪？换句话说，若孩子的兴趣不在钢琴上，我为什么一定要强迫他呢？

接下来的一个周六，我带儿子去中文学校上课，正好那天学校请来一位多次获钢琴比赛奖的女生和她的父母来中文学校与家长们谈孩子教育的经验。我和其他父母一样羡慕人家的孩子那么棒，那么有出息。讲完后我和几个父母立刻把女孩的妈妈团团围住，想从她那里取经。当我说到"你真幸运！女儿多乖，琴弹得那么好又得奖。我儿子也学琴但他不感兴趣，不愿练琴"时，她收起笑容，一本正经地对我说："哪个孩子喜欢练琴？除非是天才！我女儿开始也不喜欢练，是我整天拿个手杖在她身边坐镇。我的经验是母亲一定要铁面无私，要对孩子的眼泪绝对无动于衷，孩子的伎俩都用尽了就不得不软下来，等练琴成了习惯，做父母的日子就好过了……"

我听到这里，感到头发麻。只见她的嘴在动却听不进她的声音。我眼前出现了两个画面：一个是女儿满脸微笑地捧着第一名的奖杯；另一个是在母亲手杖下的她含泪在练琴的情景。我突然醒过来，不着边际地对她说："为了这第一名的奖杯，你和你女儿付出的代价太大了！""那当然了，世上哪有免费的午餐！"她还在滔滔不绝地讲着，我突然有答案了！我于是抽身跑到外面。啊！外面的空气真新鲜！我用力吸口气，觉得心情舒畅多了。我看看表还有10分钟才下课，我倒有些迫不及待地想见到儿子了。我要告诉他："琴，咱们不练了！因为你幸福的童年比练琴更重要，你看，妈妈爸爸一辈子不会弹琴，不也生活得很幸福吗？"

结果可想而知，儿子给了妈妈一个吻，还有两个人的两行热泪。

从此钢琴旁少了一个痛苦的孩童，球场上却多了一个快乐的男孩。

感官活动

孩子们用感官来认识周围的环境。通过用手摸、用眼看、用鼻闻、用耳听、用嘴尝来认识事物的特质。很多抽象的概念，如颜色、形状、大小、味道、声音、温度、质地、重量等一定要通过感官才能真正认识。例如，无法抽象地教3岁孩子什么是红色，必须让他看到红色，他才能明白；再如味道，必须给他尝一个甜的东西，如糖，然后告诉他糖是甜的，再给他尝一个橘子，然后告诉他橘子是酸的。通过蒙氏感官活动来发展、扩大、完善感官，通过不断地练习，孩子们逐渐地由简单的活动进入复杂的活动而发展感官的敏锐度。例如，颜色，开始学三原色红、黄、蓝，然后学其他颜色，最后学同一个色系的不同色调。感官活动还能使原本应接不暇的世界变得有次序和有规可循，每件东西都有颜色、形状、大小、味道、声音、温度、质地和重量这8种特质，有的物品大小相同，颜色却不同；而有的物品则是形状相同，重量却不同等。

下面列举了蒙台梭利教育中常用的感官活动用具，供参考。

带纽圆柱体	几何图形和图形卡	大六边形盒	砂纸触觉板
粉塔	几何图形橱	小六边形盒	布盒
棕梯	立体几何体	二倍数	温觉板
红棒	立体几何体及卡片	二项式	声音桶
无纽圆柱体	长方形盒	三项式	嗅觉桶
几何图形操作盘	三角形盒	颜色板	味觉瓶

部分教具图示如下。

彩色圆柱

棕梯

红棒

几何图形橱

二倍数　　　　　　　　　　　二项式

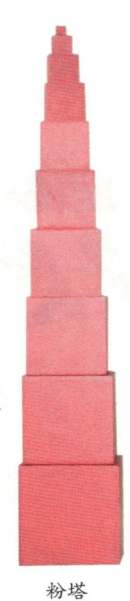

三项式　　　　　　　　　　　粉塔

193

温觉板

味觉瓶

颜色板

三角形盒

红棒的操作示范——迷宫

三段式教法

对成人来讲，感官活动可能很简单，但若从孩子的角度来想，却不是那么容易了。在和孩子们进行感官活动时最常用的是三段式教法。三段式教法是爱德华·塞金（Edouard Seguin）发明的，被蒙台梭利广泛应用到她的教学方法中，让孩子学习事物（教具）的名称和特质。每个练习都有一个主要的"语言"名称。当孩子用感官对教具熟悉后，再用三段式教法来介绍这些语言。这种方法不单被用在感官教学上，在其他方面，如数学、语文、地理及日常生活等各方面的活动都会用到。

第一段：介绍物品（感官触及的东西）名称。

家长对孩子说：

"这是＿＿＿＿＿＿＿＿＿。"

如果孩子没明白"东西"和名称的关系，重复此步骤。

第二段：按名称指认物品（教具）。

家长对孩子说：

"指＿＿＿＿给我看。"或"把＿＿＿＿给我。"

第一阶段里最后介绍的一个物品在第二阶段里先问。孩子掌握了第二阶段后，进入最后阶段。

第三段：说出物品的名称。

家长问孩子：

"这是什么？"

同样，先问第二阶段最后一个物品的名称。

范 例

从同一组教具里选出3个特质不同的东西，如三角形的、四方形的、圆形的，把它们放到工作毯上。

第一步，家长拿起其中一个图形如三角形，用眼看、用手摸、再用手指顺着形状感受图形，然后抬头，眼睛看着孩子清楚地说它（图形）的名字："这是三角形。"用同样方法介绍其他两个图形，然后可邀请孩子来试。如果孩子没掌握，重复此步骤。

第二步，家长对孩子说："指给我圆形。"如果指对了，就接着去问其他两个图形，若错了也继续问下一个："指给我四方形""指给我三角形"。如果孩子发现错误自己纠正，就进入第三步。如果孩子没掌握第二步，重复进行第一步和第二步，等孩子全部说对了直接进入第三步。

第三步，指着三角形问孩子："这是什么形状？"指着四方形问："这是什么形状？"指着圆形问："这是什么形状？"

三段式教法增加了孩子的词汇量，通过这些词汇，孩子认识了物品的特质，如颜色、形状、大小、多少等，据此可帮助孩子建立逻辑概念。通常人们把感官教学看作数学教学的前身。

感官活动示范

1. 粉红塔

材料：

10个由大到小的正方体、盒子或杯子。（本书选用粉塔，如前文P192所示）

操作示范一：纵向排列

（1）对孩子说："今天我们来做搭塔活动。"

（2）把10个正方体一一放到工作毯上。（一次只拿1个）

（3）认真地看这些正方体，找到最大的，放到工作毯离孩子较近的空位上。

（4）小心、谨慎地寻找下一个大立方体，轻轻地放到刚才那个大立方体的上面。

（5）依此类推，直到把最小的一块放到上面，形成塔状。

（6）和孩子一起观看、欣赏。活动结束，拿起最小的立方体放回到工作毯上，然后逐个拿下来放到工作毯上。

（7）再由大到小，逐个放回原处。

操作示范二：横向排列

（1）告诉孩子这些立方体放置的地点。

（2）然后用双手一次一个把10个立方体随机地放到工作毯的上方。

（3）对孩子说："我要从大到小排列这些立方体。"

（4）找出最大的，双手拿起放到工作毯的左下方。

（5）同样找到第二大的，横向从左到右依次排列，直到最小的一个。

（6）排列完成后，用一只手放在最大的立方体上方，从左向右滑到最小的立方体上方，感受立方体依次减小。

（7）把立方体逐一放回原处。

延伸活动一：

（1）把第三个立方体和倒数第三个立方体挑出来，用三段式方法教"大"和"小"的概念。

（2）用最大的立方体和最小的立方体，用三段式方法教"最大""最小"的概念。

（3）同样方法教"大""较大""最大"和"小""较小""最小"的概念。

延伸活动二：

用粉纸剪10个正方形（0~3岁的孩子数量减少至3~5个），边长从1厘米到10厘米。

（1）在桌子或工作毯上从大到小横向、纵向排列。

（2）用胶水贴在白纸板上，挂在墙上。

目的：

（1）培养孩子对大小的视觉辨认力，使孩子以敏锐的视觉去观察周围的环境。

（2）培养孩子的注意力、秩序感、协调能力和独立能力。

（3）适应孩子对秩序感敏感期的需要。

（4）培养孩子的数学心智。

（5）为孩子学习十进位制做预备。

适合年龄：2.5~4岁。

说明：

2 岁孩子可从 3~5 个有大小明显差别的几个盒子、立方体块、碗或瓶盖开始操作，数量随着年龄的增长而逐渐加多。

2. 摆红棒

材料：

10 根长短不一的木棒（可参考前文 P191 红棒），长度从 10 厘米、20 厘米开始，逐渐增加到 1 米。把木棒涂成红色。（在家不好找木棒，可用木条或同样尺寸的红纸板代替。）

操作示范一：长短排列

（1）邀请孩子和你一起玩"红棒"游戏。

（2）把红木棒一根一根地无顺序平行地放到工作毯上或桌子上，左边对齐。

（3）对孩子说："把木棒从最长的到最短的排列。"

（4）认真地看木棒的右侧，找到最长的一根，左手握住它的左端，右手握住它的右端，把它放到工作毯上。

（5）用同样方法找出剩余木棒中最长的一根，平行地放到最长的木棒后方，左边对齐。

（6）用同样方法把其他的木棒按从长到短的顺序平行向下排列。

（7）轻轻地用手指顺着木棒的右侧从最长的木棒右端向下滑过。

（8）拿起最短的木棒，从下往上接每根木棒。

（9）一根根放回原处。

操作示范二：迷宫

可参考前文 P194 的迷宫：

（1）把红棒从长到短排列成梯形。

（2）拿起最短的红棒放到工作毯的中央。

（3）拿起下一个最短的红棒垂直地放到第一个最短的红棒一端。

（4）以此类推，直到放好最后一根红棒。

延伸活动：

用三段式方法教"最短""较短""短""长""较长""最长"等词汇概念。

目的：

（1）培养孩子对长短的视觉辨别力。

（2）培养注意力、顺序感、协调能力。

（3）满足孩子对秩序敏感期的需要。

（4）间接地为孩子预备学习1~10的数学概念、关系及加减法等。

适合年龄：2.5~5岁。

3. 认识和区分几何图形

材料：

用购买的拼图，也可以自制。将6张结实的大纸板，分成六等份，在每等份里画上相应的图形，用刀子裁下，尽量要保证图形和纸板不被破坏。在图形上用线穿过珠子做成用于抓握的纽，拴在图形上。（可参考前文感官活动教具图示中的几何图形橱）

操作示范：

（1）在第一张纸板上画6个圆形，直径从5厘米到10厘米不等。

（2）在第二张纸板上画7个三角形，角度和边的长度不同。

（3）在第三张纸板上画6个长方形，其中一个是正方形。所有的长方形的底边都与正方形的边相等。

（4）在第四张纸板上画6个多边形，五边形、六边形、七边形、八边形、九边形、十边形各1个。

（5）在第五张纸板上画曲线形、卵形、椭圆形、四边花瓣形和曲线三角形。

（6）在第六张纸板上画四边形，2个梯形、1个菱形、1个长菱形（长斜方形）。

操作示范：

（1）邀请孩子一起做图形纸板。

（2）对孩子说："这纸板上都是____（如三角形）。我把这些图形挪出后，再对着形状放回原处。"从左上方的图形开始，用大拇指、食指、中指抓住纽，依次将图形从纸板里拿出。

（3）从左边拿起第一个图形用右手顺着图形边儿滑行。在纸板上找到相应的图形并用右手在图形框内滑动，把此图形放入。

（4）依次把其他图形放入图形纸板内。

延伸活动：

（1）把图形散乱地放到纸板下方，然后按顺序排好后放入图形纸板里。

（2）把图形拿出后放到另一个地方。拿起一个图形在图形板上找到相应的位置，把图形一一放入。

（3）拿起一个图形，在家中找出同样图形的物品，如圆形的物品是钟表，长方形的物品是门。

（4）做相应的图形卡片，用图形与卡片配对。

（5）教孩子认识图形的名字，如三角形有等边三角形、等腰三角形、直角三角形等。

目的：

（1）培养孩子对图形的视觉辨别能力。

（2）培养孩子的注意力、秩序感、协调能力和独立性。

适合年龄：3~5岁。

4. 挑立体图形

材料：

从积木中挑出几种常见的立体图形的积木，如立方体、长方体、球体、椭圆体、圆锥体、柱体、角锥体、三角体。

操作示范：

（1）让孩子先自己观察，玩这些立体积木。

（2）对孩子说："我要摸一下这些积木，看看它们能不能动。"

（3）用三段式方法教孩子认这些积木的名称。

（4）在周围环境中找到相应积木形状的物品。

（5）蒙上眼睛猜积木的形状。

（6）把积木放到袋子里，触摸积木并说出积木的形状。

说明：

先介绍正方体、长方体、球体、圆柱体，掌握后，再介绍其他形状的物体。

目的：

（1）培养孩子的注意力、秩序感、手眼协调能力和独立思考能力。

（2）培养孩子对立体几何的视觉洞察力。

（3）让孩子意识到形状的相同和不同，适应孩子秩序感的发展需要。

适合年龄：3~6 岁。

5. 摆三角形

材料：

可参考前文感官活动教具图示中的三角形盒。1个灰色的大等边三角形，2个绿色直角三角形（一直角边用黑色马克笔画黑线），3个黄色的钝角三角形（每个三角形等腰的两个边用马克笔描成黑线），4个红色等边三角形（其中一个三角形的三个边都描成黑色，其他3个只有一个边描成黑色）。

操作示范：

（1）把装三角形的托盘放在工作毯的左上方。

（2）取出灰色的三角形放到托盘下方。

（3）对孩子说："我要把小三角形拼在一起做成和灰色三角形一样大的三角形。"

（4）取出绿色的直角三角形，一次取一个，把它们按水平线一个接一个地放到工作毯的下方，短边作为底边。

（5）用食指和中指顺着一直角边的黑线从上到下描黑线。

（6）两个直角三角形的直角边黑线都用手指描过后，把两个三角形对到一起，两个黑线挨在一起。

（7）把灰色的三角形放到刚对好的绿色三角形上重叠起来，两个大三角形相等。

（8）把灰色三角形放回原处。

（9）把刚对好的绿色等边三角形推放到灰色三角形的右边。

（10）同样方法组成与灰色三角形一样大小的黄色等边三角形、

红色等边三角形。

延伸活动：

用相应颜色的彩纸描绘这些三角形，剪下来，做成书，书名叫"奇妙的三角形"。

目的：

（1）培养孩子对图形的视觉辨别力。

（2）培养孩子的注意力、秩序感、协调能力和独立能力，适应孩子秩序感敏感期的需要，为孩子写字和学习几何做准备。

适合年龄：3~4 岁。

6. 辨认颜色

夹色板

圆纸板分成 3 等份，分别涂上红、黄、蓝 3 种颜色（或把 3 种颜色的彩纸涂上胶水粘上去），准备好红、黄、蓝 3 种颜色的夹子。把 3 个夹子放在小容器里（如小盘），同圆纸板一同放在大长方形的托盘上。

操作示范：

（1）把长方形的盘子放到桌子上。

（2）一只手拿起圆纸板，另一只手的拇指、食指和中指拿起一个夹子。

（3）3 个手指用力压开夹子，把它夹到同样颜色的纸板上。

（4）重复步骤（2）和步骤（3），把另外两个夹子也同样夹到相应颜色的纸板上。

（5）把夹子取下，放回小容器里。

（6）把小容器和纸板放回长方形盘子里，把盘子放到原处。

目的：

此活动能帮助孩子辨认颜色，促进手眼协调能力，加强手指力量，为握笔、写字做准备。

延伸活动：

孩子掌握此活动后，可制作另一个彩色纸板，除了红、黄、蓝三原色外，再加上绿、橙、紫等颜色，并配上相应的绿、橙、紫等颜色的夹子。

适合年龄：2~4 岁。

实物配色

材料：

准备一个有分格的调色盘或烤盘，有颜色的绒球（绒球的数量与分格的数量相同），装小绒球的小容器、小碗等。与绒球相同颜彩的色纸、糨糊。根据调色盘或烤盘分格的形状，把彩纸剪成小圆形或小方形等，然后根据绒球的颜色把彩纸用糨糊粘到每个分格里，如有两个红色绒球就把两个红色纸分别粘到分格里。

操作示范：

（1）拿起一个小绒球，看看它的颜色，若是红色，就放到贴有红色贴纸的分格里。

（2）同样做法，把其他绒球放入相应颜色的分格里。

（3）再一个一个地拾起绒球，放回小碗里。

（4）可反复做。

目的：

帮助孩子辨认颜色，培养孩子的协调能力及三指抓的灵活力。

延伸活动：

用夹子、镊子等工具去夹绒球，把绒球放到相同颜色的分格里。

适合年龄：2~4 岁。

辨认颜色

同色系颜色按深浅对比排列。

材料：

蓝色、红色、黄色、绿色等水彩液各 1 种，胶管，1 小碗水，7 个同样大小的玻璃瓶。

操作示范：

对孩子说：我要给你示范同色系颜色深浅对比排列。

（1）把 7 个玻璃瓶加满水。

（2）用胶管吸取水彩液，滴入玻璃瓶里。第一瓶 1 滴、第二瓶 3 滴、第三瓶 5 滴。

（3）拧紧瓶盖，将玻璃瓶放到坚固的托盘里。

（4）将玻璃瓶按照颜色由深到浅顺序排列。

说明：

开始时孩子辨认会有困难，可从颜色深浅明显些的第三瓶开始。或者在将水彩滴入玻璃瓶中时，第二瓶比第一瓶多滴三四滴。

延伸活动：

（1）用三段式方法教孩子辨认深色、浅色、较深、较浅、最深色和最浅色。

（2）识别完全相同的颜色（如不仅是蓝色，还是深蓝色）。

目的：

（1）培养孩子的集中力、秩序感、协调能力和独立能力。

（2）培养孩子对色彩的感觉。

（3）培养孩子对环境中颜色美的鉴赏意识，满足孩子秩序感敏感期的需要。

适合年龄：3~5岁。

7. 手感活动一

材料：

一块16开纸大小的平滑木板，5种粗细不同、同样宽窄的砂纸条，1瓶胶水。

操作示范：

家长先把砂纸条从细到粗、从上到下以相同距离贴到木板上。然后进行以下示范。

（1）拿起砂纸木板，从上到下用手指尖（由左到右）滑摸每条砂纸。

（2）边摸边说："粗（糙）""较粗""更粗""更粗""最粗"。

目的：

（1）培养孩子的注意力、手眼协调能力、秩序感和独立能力。

（2）发展孩子的触觉灵敏度。

适合年龄：2.5~4岁。

8. 手感活动二

材料：

一个小筐里面放四组扑克牌大小、不同质地的布。其中一组纯毛的，一组丝绸的，一组棉布的，一组亚麻的。各组颜色不同，每组两块。

操作示范：

（1）家长把装有布料的小筐放到工作毯的左上方。

（2）对孩子说："我摸摸这些布料，找到相同的。"

（3）把这些布料块儿从小筐里取出放到工作毯上方。

（4）取一块布料放到小筐下方。

（5）从剩余的布料中用右手拿出一块，左手拿起工作毯上的那块，摸一摸，感觉一下是否一样。若不同，就放回去，再取另一块。若一样，则把左手那块放回原处，右手那块放到第一块的右边。

（6）用同样方法将其他几块配对。

（7）完成之后，把布料放回小筐里。

延伸活动：

蒙上眼睛，凭着手感给布料块儿配对。

目的：

（1）培养孩子的集中力、秩序感、手眼协调能力和独立能力。

（2）培养手的敏感度。

适合年龄：2.5~4岁。

9. 感受重量

材料：

8个不透明的药瓶（或其他类似容器），其中2个放满棉花，2个装满瓜子，2个装满大米，2个装满沙子或盐。1个小筐。

操作示范：

（1）把装有8个瓶子的小筐放到桌子的左上角。

（2）对孩子说："我要按重量来配对。"

（3）把8个瓶子从小筐里拿出，一次拿一个，放到小框的右方。

（4）拿起一个瓶子，用手掂量一下，放到小筐下方。

（5）右手再取一个瓶子，感受重量，左手拿起刚放到小筐下的瓶子，两手一起感受重量。若感觉不一样，就把两个瓶子放回原处，右手再拿一瓶试，直到找到相同重量的小瓶为止。若两瓶一样重，就把左手那瓶放回小筐下，右手那瓶放到它的右边。

（6）用同样方法给其他几个瓶子配对。

（7）做完后把瓶子一个个放回小筐里（可把一组用红色贴纸贴到瓶盖上，另一组贴上蓝色或其他颜色贴纸，做起来会容易得多）。

延伸活动：

拿一瓶装有棉花的，一瓶装有沙子的，用三段式方法教"轻的""重的"概念。

目的：

启发孩子对重量的感觉和认识，培养孩子的集中力、协调能力、秩序感和独立能力，适应孩子秩序感敏感期的需要。

10. 听觉活动

材料：

8个不透明的药瓶，一些玉米面、小米、大米、玉米粒，红胶带、蓝胶带。将玉米面、小米、大米、玉米粒分成两份，分别装入8个瓶子里（每个瓶子装半瓶即可）。把以上8个瓶子分成两组：一组瓶盖上贴红胶带，另一组瓶盖贴蓝胶带。

操作示范：

参照"感受重量"的操作示范。

目的：

启发孩子对听觉的认知。

数学活动

提到数学，有的人头痛，有的人摇头，因为它太难太抽象。我从前不喜欢数学，总怨自己没有数学头脑，所以到了高中时，我就选择学了文科。可是当我参加蒙台梭利训练时，最吸引我的却是数学。看到蒙台梭利精心设计的数学教具真是暗自叫绝，才发现原来数学可以不枯燥、可以不令人生畏，才意识到可以用具体的教具来学习抽象的概念、建立逻辑体系，从而认识周围的世界。

蒙台梭利认为人天生就有数学"头脑"，并在生活中不断积累和运用数学知识，如"我的鞋小，爸爸的鞋大"（大小），"我明天去奶奶家"（时间），"你的饼干比我的多"（数量），"给妈妈打电话""找电视频道"（数字）等。

蒙台梭利数学教具符合孩子发展的需要，感官教育是为学数学做准备。感官教具和数学教具通过动手操作，用感官体验使抽象的数学概念被孩子的吸收性心智吸收、理解并应用。这样的教具吸引孩子去发现、去探索、去讨论，使孩子的心智被开启，让孩子逐渐认识和建立数学的基本概念，如分类、重量、大小、空间、形状、体积、数量及事物之间的关系等。

蒙台梭利数学教育简介

内容	教具或教法
10以内数与量的认识	数棒
	砂纸板数字
	数字棒和数字卡
	纺锤盒
	数字与筹码
	彩色串珠棒
	数字记忆游戏
介绍十进制	串珠
	数字卡
	组成大数字（复杂数字）
	总类游戏
100以内数与量的认识	短串珠梯
	十几颗珠子
	几十块塞根板
	100以内数字板
	跳着数数到100
进位运算	银行游戏：加法、乘法、减法、除法
	邮票游戏：加法、乘法、减法、除法
	点游戏
记忆	加：加法条板、加法蛇的游戏
	减：减法条板、减法蛇的游戏
	乘：乘法条板
	除：短除法条板

教具制作和活动示范

1. 数棒

材料：

10根木棒，最短的一根10厘米，第二根20厘米，第三根30厘米，依此类推，最后一根1米。以10厘米为单位把木棒涂成红蓝相间的颜色。

操作示范一：

（1）家长在地板上放两个工作毯，把木棒一根一根地放到工作毯上。

（2）找到最短的一根木棒把它放到第二个工作毯上，红颜色的一头贴着工作毯左边。

（3）找到下一根次短的木棒放到第一根上方。

（4）同样做法，把木棒放完后，会出现阶梯形。

操作示范二：

（1）家长把前三根木棒放到工作毯上，组成一个楼梯形。

（2）拿起第一根木棒，放到工作毯前方，用右手握住木棒说"1"。

（3）拿起第二根木棒，放到工作毯前，用右手握住木棒的红色部分说"1"，再握住木棒的蓝色部分说"2"。

（4）同样方法对待第三根木棒。

（5）用三段式方法教孩子学数木棒个数"1""2""3"。

（6）用同样方法教孩子数4~10。

延伸活动：

（1）拿一根数棒，让孩子找相同长度的红棒。

（2）拿给孩子一根数棒，让他取一根比这根大 1 或小 1 的数棒。

（3）用数棒去量家里的物品，如桌子的高度、柜子的长度等。

目的：

（1）让孩子学习数字的概念。

（2）让孩子发觉每个数字本身是一个独立的个体。

（3）让孩子学习 1~10 的数字及其相互关系。

适合年龄：2.5~4 岁。

2. 砂纸数字

材料：

16 开的绿色纸板 3 张、大砂纸 1 张、剪刀 1 把、胶水 1 瓶。把 16 开的绿色纸板剪成 10 等份，共剪成 10 张小纸板；把砂纸剪出 0~9 十个数字；用胶水把数字粘到小张绿色纸板上。

操作示范：

（1）家长把装有 0~9 的数字盒放到桌子上。

（2）拿出"1"纸板，放到桌子上。

（3）左手扶着纸板的左边儿，用右手的食指和中指慢慢地描纸板上的数字并说"1"。重复 3 次，然后让孩子试着做。

（4）把这张纸板放到桌子上方。

（5）用同样方法描"2"和"3"。

（6）用三段式方法教孩子数字的名称。

延伸活动：

（1）盒子或深盘子，里面放入沙子或玉米面。描完砂纸数字后，用食指和中指在沙子或玉米面上练习写此数字。

（2）用笔在小黑板上练习写数字。

目的：

（1）用触觉、视觉、听觉记忆来学习数字符号。

（2）帮助孩子认识口说数字名称和书写数字符号之间的关系。

（3）为用笔写数字做准备。

适合年龄：2.5~4 岁。

3. 数棒和数卡

材料

在卡片上打印或手写数字 1~10，做成数字卡片；数棒。

操作示范一：

（1）家长把数棒放到一个工作毯上，摆成楼梯形。

（2）把装有数字卡的盒子放到另一个工作毯上。

（3）复习这些数字。

（4）拿起一张数字卡（从 1 开始），问孩子是什么数，然后对他说："从另一工作毯上拿出这个数棒。"

（5）孩子拿出数棒后放到工作毯下方，数棒左端贴着工作毯的左边，把相应的数字卡放到这个数棒的右端。

（6）以同样方法继续认读其他数字，直到摆完出现梯形，数字卡也都放到相应的数棒上。

操作示范二：

（1）将数棒散乱地放到一个工作毯上，数字卡散乱地放到另一个工作毯上。

（2）按"操作示范一"的方法，把数棒摆成直角梯形，把数字卡放到相应数棒的右端。

操作示范三：

（1）把数棒随便地放到工作毯上。

（2）拿起一根数棒放到另一个工作毯上，告诉孩子去拿一个比这根数棒长"1"的数棒。

（3）以同样方法让孩子拿短"1"的数棒，或比它长"2"的数棒。

操作示范四：

（1）把数棒放在一个工作毯上，数字卡放到另一个工作毯上。

（2）拿起一张数字卡，问孩子是什么数字，让孩子去拿比它长"2"的数棒。

操作示范五：

（1）让孩子把数棒在工作毯上摆成阶梯状，把数字卡放到数棒下方。

（2）拿起数棒10放到工作毯的下方。

（3）指着这根木棒让孩子数，然后把数字卡10放到数棒10的右端。

（4）拿起数棒9，放到数棒10下方，让孩子数它。把数字卡9放到数棒9的右端。

（5）指着数棒10和数棒9之间的差距问："哪个数棒放到这里正合适？"

（6）孩子拿来数棒1时，把它放到差距处说："数棒1放到这里正合适。"

（7）把数字卡1放到数棒1上。

（8）把数棒8放到数棒9下方，用上述方法补齐差距。

（9）以数棒5右端为原点，右手拿起数棒5的左端，翻转180°，表示两个5加起来是10。

目的：

（1）让孩子认识数字的书写符号与数量之间的关系。

（2）发展孩子对长度的区分能力，学习长度与数字之间的关系。

（3）帮助孩子懂得数字的顺序。

（4）让孩子理解数字10的组成，为学习加法做准备。

适合年龄：3~4岁。

4. 数字和筹码

材料：

55个筹码，1~10十个数字卡，两个小筐，一个用于放小筐的托盘。用硬塑料剪出1~10十个数字，55个同样颜色的1分钱大小的圆纸板或其他小东西，用它们当筹码，如小卵石、瓶盖、纽扣等，只要是同颜色、同样大小的东西就可以。

操作示范：

（1）家长把装有数字和筹码的托盘放到工作毯上。

（2）把1~10数字卡和55个筹码从各自容器里拿出放到工作毯下方。

（3）在工作毯上方从左到右把数字卡按1~10的顺序排列，数字卡之间留些空隙。

（4）指着数字"1"并读出声，然后在"1"的下方放一个筹码。

（5）指着数字"2"并读出声，然后在"2"的下方放两个筹码，一个在左，另一个在右，并排放。

（6）用同样方法把所有的筹码都放到数字下方。

（7）把数字卡、筹码分别放回各自的容器里，放回托盘。

延伸活动：

用上述方法把数字和相应的筹码摆好，指给孩子看，筹码有同伴的是双数，没有同伴的是单数。

目的：

（1）让孩子熟悉数字的顺序。

（2）帮孩子了解数字代表物件的特定数量。

（3）介绍单数和双数的概念。

适合年龄：3~5岁。

5. 记忆游戏

材料：

数字纸片1~10，三个小碗（容器），半碗豆子。将一张数字纸片对折，放到一个小碗里。另一个小碗装半碗豆子，把空碗放到此碗下，把这两个小碗放到一个托盘上。

操作示范：

（1）家长把托盘放到工作毯上。

（2）把装有豆子的小碗放到其他地方，如厨房。

（3）把装有数字纸片的小碗放到孩子面前，让他拿出一张，打开看，记住此数字，然后放到工作毯上。

（4）孩子拿起空碗到装有豆子的小碗里数出相应的豆子，把豆子放到空碗里，拿到工作毯上。

（5）家长从工作毯上拿起数字卡，念出数字名称，数碗里的豆子来核对豆子数量是否与数字对应。

（6）用同样方法记忆其他数字。

说明：

此活动最好是两三个孩子一起进行。

目的：

（1）帮孩子记住数字。

（2）帮孩子理解 1~10 的数字符号及其数量之间的关系。

适合年龄：3~5 岁。

语言活动

蒙台梭利强调，0~6 岁是孩子的语言敏感期。语言是人类沟通交流的工具，人们用语言来交换信息、表达情感和愿望、建立并维系社会关系。蒙台梭利班级中的孩子是混合年龄，并且孩子可以自由走动。孩子和不同年龄的朋友在一起，有很多与人交流沟通的机会，再加上老师预备丰富的语言环境，使孩子在不知不觉中学会了听、说、读、写。

语言敏感期并不会引起人们特别的注意，因为周围人不断地说话，已经给小孩提供了发展其语言能力所需的因素。就这一敏感期而言，唯一引起我们注意的就是小孩的笑容。当小孩正确地说出简短的字句时，他的脸上会自然流露出内心的喜悦，因为他已经懂得分辨不同的声音，就像他注意教堂的钟声响起一样。

语言与生活是密切相关的。如我们前面提到的买菜，就是在生活中应用语言、掌握语言的一个例子，买菜不但丰富了孩子的生活经历，也提高了他们的语言能力，为孩子的读写打下基础。此外，还可以通过以下方式提高孩子的语言能力：

（1）每天花时间和孩子交谈。面对3岁的孩子要用简单的语句，说话的速度要慢，吐字清晰，带有表情。更重要的是在孩子说话时，要耐心听，给孩子足够的时间表达，别打断孩子的思路。例如，幼儿园接孩子，问他今天有没有什么有趣的事发生，或继续头几天的话题问事情的进展、有什么新动向。有时要用"我觉得……你怎么想"等问句来引发孩子讲出他的想法、意见、建议、见解，避免提出只让孩子回答"是"与"不是"的问题。

（2）和孩子讲正在发生的事情，描述过程。例如，"妈妈带两瓶水，一瓶是你的，另一瓶是妈妈的；妈妈用笔在水瓶上写上名字，用的时候就不会弄混。"鼓励孩子解释他做事和说话的缘由、思路。有时孩子不听话，你让他这么做他偏那么做，那就让他讲出那样做的理由和好处。如果他真能说服你，那么你就要采纳，结果一定是双赢。

（3）带孩子去接触大自然，多接触外界的人、事、物。在家里过家家一定要预备相应的道具，鼓励孩子把他的经历用戏剧（过家家）的形式表演出来，或者画出来、写出来。当孩子用图画、拼音、自己想象的字和正确的字一起来表达时，父母不要纠正，因为3岁孩子有3岁孩子的表达方式，5岁孩子有5岁孩子的表达方式。

孩子的想象力是极其丰富的，他们知道的比他们所能表达出来的多得多。做老师和做父母的应多花时间一对一地陪他们，耐心地听他们讲，开导他们说出他们心里所想的。问他们"还有呢""然后呢""哇，很有趣的故事哦"等，鼓励他们多讲，你会发现每个孩子都很会编故事，每个小朋友都是个小作家。

不乖的小兔子

美约（3岁）来到我面前说："阿姨，昨天我看到一只小兔子在我们家里。""哦！那一定很有趣。你告诉阿姨发生了什么事，阿姨写下来。"我一边问一边拿出笔和纸。"小兔子吃我家的草，把草吃短了。我过去打它的屁股，小兔子跑了。""还有呢？"我微笑着看着她。"我去抓它耳朵，打它屁股，它就跑到我家房子后面去了。""还有吗？""没有了，讲完了。"美约跑去跟小朋友玩了。

我在口袋里常备一个小本和一支笔，一有机会就把小孩子说的话记录下来。四五岁的孩子或表达能力强的3岁左右的孩子会讲很长的故事，很难马上听写下来，可以先速写下来或用录音笔记录下来，然后工整地抄到本子上。给孩子预备一个专门存放他作品的地方，一个月整理一次，装订起来放到矮书架上。孩子们非常喜欢从录音笔里听到自己的声音，喜欢同他人一起读他们自己的故事、自己写的书。

亮晶晶的小星星在天空中跳舞

莎奇（4岁）拿着她刚刚画好的画向我走来。"老师，看我画的画。"我还没看清楚她画的是什么，她就把画折了起来。"我可以再看一下你的画吗？"我以商量的口气问她。

"当然可以。"莎奇很高兴地展开她的画。我认真地看着她的画。"我看到你画了很多绿色的曲线和圈圈。你能告诉我这幅画的故事吗？"我好奇地问。

"它们在动。"

我惊讶于她的回答。当我重新再看这幅画时，的确感到一种动感。

"什么在动呢？"我不解地问。

"星星在动。Twinkle stars 在动。"

"你怎么看出来的？"我好奇地问。

"这里在动。"她指着曲线说，"这些圈圈是星星。"

"噢。"我赞同地点点头。

"星星在天空中。"莎奇补充道。

"嗯！亮晶晶的星星在天空中跳动。"我总结道。

"对！亮晶晶的小星星在跳舞。"她高兴地说。

"我帮你写下来好吗？"

"好啊。"

我在这幅画的上方写下"亮晶晶的小星星在天空中跳舞。10月9日，By Shaqi"。我一边写一边说着。莎奇非常高兴，拿着画去跟小朋友讲她的小星星的故事去了。

多有趣的一幅画！成人常常以为孩子不过是乱写乱画而已，殊不知里面很有讲究，包含许多有趣的小故事。"乱涂乱画"是孩子书写的第一步，成人应看重这件事，并给予正确的引导和鼓励。

两三岁的孩子可以讲简单的词语，喜欢用笔画画。当孩子拿着作品给父母看的时候，父母不应该置之不理，那样孩子会很失望；也不该笼统地说"哇！太好了，好极了"等，这样虽然能让孩子高兴，却对他们帮助不大。当拿到孩子的画时，先认真地看，并且告诉他你看到了什么，如："噢，我看到你画了两条红线，还有三个黄圈圈。你能告诉我这两条红线是什么吗？那三个圈圈呢？"当孩子跟你讲的时候，要认真听，并应声表示明白了或赞同，并把他说的话写在画纸上，写上日期。若孩子不想讲或无话可讲也没关系，一定不要强迫孩子。当然，父母也不必每次都要孩子讲画里的故事，以免成为孩子的负担。

听孩子的故事，不但能培养孩子的表达能力、让他们发挥想象力、开发他们的思维和推理能力，还能帮助他们认识到听、说、写之间的关系：把要说的话用笔写下来，自己和别人就可以读了。

活动示范

1. "我看到"

收集一些日常小物品装在小筐里，如一个苹果、一把剪刀、一支笔。把小筐放到桌子上或工作毯上。一人描述，一人猜，然后对调。

"我的眼睛看到一个物品是红色的，可以吃，它是……"另一个人说："苹果。"

2. 神秘袋

袋子里装有不同的物品。先拿出来看看是什么物品，再放入袋子里。一个人把手放到袋子里摸到一个物品，一边用手感觉这个物品，一边描述他摸到的东西的特质，如："我摸到一个硬硬的东西，摸起来凉凉的，用来开门的。"另一个人猜："钥匙。"

3. "××说……"

一个人发指令"××说……"（××指发指令人的名字），另一个人按指令去做，例如："妈妈说，把手放到头上。"另一个人照着指令做。如果发指令的人没说"××说"而只是发指令，对方就不做动作。如果做了动作，就算输了。双方角色可以互换。

"宝宝说，把书放到书包里面。"

"妈妈说，到厨房的冰箱里拿一个苹果，放到餐厅的餐桌上。"

"妈妈说，把厨房里台子上的垃圾袋丢到浴室的垃圾桶里，再把浴室里妈妈的毛巾拿给妈妈。"

4. 录音

和孩子说话时可以录音，然后放给他听。

读一本好书时录下来，某天父母没时间给孩子读睡前故事时放给他听。

5. 改编故事

读书给孩子，根据书的内容和孩子讨论问题，说出自己的看法和感受。例如，"我喜欢这本书，因为……""我非常高兴最后小红找到了妈妈。""当我读到……时，我很难过。"或建议孩子把这个令人难过的结尾改成欢快的结尾，比如把凶恶的大灰狼改成善良的大灰狼；或一本新书读了一半时和孩子一起猜故事的结局。

6. 描述经历

带孩子去郊外、去公园、去海边、去动物园、水族馆等，和孩子谈论所见之物，多拍些照片，回到家后让孩子讲最喜欢的事情，给孩子纸、笔，鼓励孩子把所经历的写出来、画出来。

7. 利用积木讲故事

和孩子一起用积木搭一个动物园或农场，然后用笔画出来，并讲述其中的故事。

8. 收集喜欢的图片

把不用的广告、杂志、报纸上的图片剪下，贴到一个新的笔记本上，说出图片的名称，并进行简单的描述，在笔记本的封面上写下"我喜欢的图片"。

9. 描述图片中的故事

把不用的广告、杂志上的图片剪下来，贴在一张白纸上，描述图片，编故事，鼓励孩子用笔写故事。

10. 读广告上的字

和孩子去户外活动时，看到广告牌、商店的牌子时，和孩子一起读上面的字。

11. 贴标签

给家里的大件物品贴上标签，如冰箱、书桌、钢琴等，教孩子认读。

12. 配对

依据从具体到抽象的蒙台梭利活动原则，先是实物和实物配对，然后是实物和图片配对、图片和图片配对、图片和文字配对、字和字配对。

（1）蔬菜水果分类：用一个筐子，里面放三四种蔬菜，放同样数量的水果。筐里同时放两张卡片，一张写"蔬菜"两个字，另一张写"水果"两个字。把两张卡片并排（中间留一点距离）放到桌子上方，在左边卡片（如蔬菜）下方放蔬菜，在右边水果卡片下方放水果。做好后把蔬菜水果、卡片收到筐里。

（2）物品和图片配对：用四五种蔬菜或水果与其图片配对。进一步用蔬菜、水果的图片和相应的字配对。

（3）照物画画：把一种蔬菜或水果放入白盘子里，放到桌子上，旁边放一个大托盘，托盘上面放相应颜色的蜡笔或彩色铅笔和裁成一半的白纸，孩子可照物画画。

13. 认字盒

取一个小盒，里面装有卡片数张、铅笔一支。

每天固定的时间和孩子学认字，问孩子今天想学什么字。父母替孩子写在卡片上，教孩子认读此字，放到认字盒里。同样方法教认第二个字，然后把第一个字拿出来读。再以同样的方法教认第三个字，复认前两个字，依此类推。一段时间后，有些字孩子已经非常熟悉了，就把这些字的卡片放到盒子里，不必再重复认读。逐渐孩子有了他自己的字典盒，如果以后在写东西时遇见忘记写的字，他可以在字典盒里找到。

14. 写便条

有时孩子同你讲什么事，你可以故意说："妈妈现在太忙，不方便讲话，可不可以把你要说的事写下来，我过会儿再回答你。"以此鼓励孩子多写字。

15. 写日记

同孩子一起写日记。睡觉前问孩子："有没有什么要记下来的？"孩子说、你写，然后读给他听，写下日期。孩子四五岁时可能会主动要求写，那是最好不过的事了；但若孩子不愿写，也不要强迫他，可以问他是否要画画，用画描绘他的生活也不错哦。

Q&A〖晓辉老师邮箱〗

Q：吴老师，您好！有一个问题一直困扰着我，我想咨询一下。爷爷奶奶平时白天带孩子，他们讲话大声，还常常大声训斥宝宝，导致宝宝现在一着急也大声喊叫，脾气急躁，有什么纠正或弥补的方法？

A：隔代照顾是个难解的话题。每个人都会用他们认为好的方式教育孩子。如果是偶尔"大声训斥"，没关系。如果是经常性的就要在合适的时间，用合适的方式与爷爷奶奶沟通。虽然不能立见成效，因为我们都知道改变自己的一个习惯有多难，但隔代照顾的最大优势就是他们都真心爱孩子。

Q：吴老师，您好！非常荣幸在大洋彼岸听到您的课程。我想问一个问题：跟孩子一起读绘本，面对面还是和他并排共读好呢？我一开始是和他并排拿着书读，但不能注意到他的面部表情。

A：读绘本是一项非常好的亲子活动，在孩子心情好的时候，把他抱在怀里和他一起阅读，或睡前固定时间读睡前故事，都是不错的选择。孩子小的时候我通常让他坐在我的腿上，因为要两人同时看书的内容。讲故事和读书不同，如果他喜欢你和他面对面看着他眼睛讲故事，那如此也很好。

Q：宝宝快 18 个月了，现在带出去玩，他会拿别人的东西，拿了不愿意还，这正常吗？需要怎么引导？

A：您好！18 个月的宝宝会拿别人的东西，拿了不还，这事发生在他这个年龄的孩子身上很正常。因为这个年龄孩子的发展特点是以自我为中心。这种以自我为中心和成年人的自私不同。我特别观察过一两岁的孩子，他看到一件东西好，他喜欢，他就直冲着那件物品而去，过去就拿。他没有、也不会顾及其他人的感受。所以他的这种"拿"的行为是很单纯地想要那件东西，并且拿到了就是我的。而年龄大一些的孩子会看对方的脸色，会考虑对方的感受，甚至考虑自己拿了他的东西他会有何反应等。而您孩子这个年龄的认知及情商发展还不健全，因此，这时孩子拿别人玩具时不会考虑对方的感受。所以当看到这个年龄的孩子拿别人东西的时候不必惊讶、生气、发火，这是孩子发展的正常现象。

那要不要管？当然。就像孩子消极的情绪需要调整一样。孩子不适当的行为也要帮助他调整。因为孩子小，还没有是非观念，这种是非观念与孩子的大脑发展有关，也与老师家长的教导有关。所以假如明明正在玩乐高玩具，他过去就拿明明的乐高玩具，你就要对你的孩子说："这是明明的，你要想和明明一起玩的话，要问问明明可不可以和他一起玩？"其实我并不建议一两岁的孩子一起玩玩具。因为他们还不会与人分享。他们和同伴一起玩的方式是"平行玩法"（Parallel Play）：我喜欢的东西就是我的，我就想独自拥有。所以，转移法更合适这个年龄的孩子："这是明明的乐高玩具。来，我们看看这本书，好有趣呀。"有的家长可能会问，"孩子若不同意呢？"那就没有办法，乐高玩具是别人的，对方若不同意一起玩，你的孩子没有别的选择。如果这种事情发生在 1.5 岁到 3 岁，在蒙台梭利教室，他也只有两种选择：要么等待，等正在玩的小朋友玩好了，放回到原处，他才可以取出来玩；要么选择其他活动。

Q：孩子爬桌子需要管吗？还是给他自由？

Grace 您好，因为之前一直听课，偶然买了一本有名的育儿书，这本书也一直看，但有很多与我现实生活冲突并且让我疑惑的地方，其实我是充分理解尹老师所说的自由，只是平常我们这些父母不可能给予孩子完全的自由。一棵小树长大，有时候还需要绑一下，何况是孩子。在孩子特别小的时候我们做家长也一直给孩子起榜样作用，尽量少束缚他。可生活中细节太多，孩子也都个性不同，比如我家孩子一岁半喜欢爬餐桌，我一直是制止的，转移他的注意力，给他讲道理。按照书中老师说爬餐桌没什么，不理解为什么要制止他，我就开始困惑了，管还是不管？从我本心讲我是持不同意见的，想听听您的意见。

A：其实你的直觉告诉你该怎样做了。一定要记得"自由是在一定限度之内的"。爬桌子当然要管了："桌子是吃饭（或写字）用的。你可以爬楼梯或爬滑梯的台阶。"可以边说边把孩子从桌子上抱下来。

立规矩不是消极的做法，是像教孩子吃饭穿衣一样，是孩子需要的。比如，孩子爬桌子，你应该告诉他：①不安全，从桌子上摔下来非常危险。②不合理，桌子不是用来爬的，是吃饭或写字用的。③如果孩子在家里随便爬桌子，到餐馆或学校后很可能也爬桌子。如果被他人制止了，孩子会困惑为什么不可以，因为在家里没人教过他。

Q：孩子不爱吃饭，怎么办？

A：古语道："民以食为天。"中国人特别重视孩子的饮食，因为饮食、营养直接影响孩子的身体、大脑的发育。做妈妈的总是绞尽脑汁想让孩子多吃一口。这种爱心实在可嘉，但方法也很重要。它影响孩子对食物的态度、情商的发展，影响孩子的独立能力、动手能力、自信心及智力发展。我们常常看到妈妈一手端着碗，一手拿着勺追着孩子喂他吃饭。有的家长甚至因孩子不好好吃饭而打骂孩子。本来吃是人的一个基本需要、一种享受，而在很多家庭中，饭桌则成了孩子和家长的战场。

我们都知道，宇宙万物都有规律，按照规律去做就会事半功倍，否则就会适得其反。人的生命的发展也是有规律的。早在100年前，蒙台梭利就提出每个人一出生就有与生俱来的生命潜能和在爱与自由的环境里发展的能力。人会饿的，吃了饭，这种需要就得到了满足；冷了，穿上衣服就暖和了，身体就舒服了。同样，婴幼儿身体的发展也是有规律的，并且每个孩子都有自己的时间表。孩子的饭量和他身体发展的需要密切相关。孩子出生时的重量一般取决于妈妈的身量大小、子宫环境和基因。如果妈妈的身量较小，爸爸的身量比较大，因基因的缘故，孩子出生后营养好，孩子会在出生后一个月里比一般的孩子长得快。新生儿好像一直要吃，体重也长得快。孩子6个月时，体重是出生时的两倍（约7~14磅）；1岁时是出生时的三倍（约21磅）；1~2岁没有胃口，长得也慢，体重增加比较慢，2岁时大约28磅；2~3岁更慢，大约32磅。

所以，如果你的孩子一段时间没有胃口，不是他不听话，除非孩子是生病了，否则不要过分担心。我们每个人的胃口大小不同，主要的是确保孩子有足够的营养。父母在给孩子预备食物时要参照"食物金字塔"的比例。孩子3岁以后，父母可以和他一起做一个全家或孩子自己的食物金字塔表格，按照食物清单和孩子一起去购买，一起坐下来定下月或下周的菜单。

让孩子在他的食物金字塔里按比例选择食物。孩子自己选择的食物，通常会吃得比较起劲。也可以和孩子有个约定，食物做好了，即使不喜欢也要尝两口，特别是没吃过的食物。

另外，给孩子盛饭时一定要注意不要盛得太多，给孩子刚好的、他能吃完的饭量。有的家长，特别是妈妈，自己吃一小碗饭，却逼着孩子吃一大碗，这是在为难孩子。有时孩子说吃饱了，大人却说你没吃饱，一定要继续吃，这是不相信孩子，不尊重孩子。想想看我们成人世界，好朋友们一起去吃饭，有的人饭量大，有的人饭量小。吃饱了，就是再好的佳肴也不想吃了。吃没吃饱，最清楚的就是自己。什么时候停下来不吃了，应该自己决定。如果你吃饱了，你的朋友强迫你继续吃，或面对你不爱吃的菜，你的朋友却说这菜有营养而强迫你吃，那你是什么感觉呢？是不是感觉对方不尊重你，不给你自由？同样的，孩子吃好没有，他自己的肚子会告诉他。吃饭穿衣不只是关系孩子的温饱问题，也是孩子学习、成长的机会。

蒙台梭利观察到的一个很重要的现象是孩子们喜爱工作。孩子们通过工作来构建自己。当孩子全神贯注地完成一项他自己选择的工作后，他会出现满意、平静、喜乐的神态。所有消极、敌意、粗鲁的行为都消失了。所以，父母应该从小就给孩子自由，让他自己的事情自己做。孩子 9 个月大的时候，他的拇指、食指和中指会一起配合，孩子会有捏的动作。这时，就可以给孩子一些小麦圈等食物让孩子自己抓着吃。1.5 岁左右示范给孩子如何用勺吃饭。孩子通过做事来提高自己的能力，并享受其过程。我们成人常常是为了自己方便，而不让孩子自己来。我们应该意识到：教孩子自己吃饭、洗漱、穿衣比喂他吃、帮他洗漱、穿衣是更辛苦、更困难的事，也需要更大的耐心。不必要的帮助对孩子自然发展是障碍。孩子通过自己吃饭穿衣，锻炼了手眼协调能力、秩序感、专注力和独立能力，增加了孩子的自信心，并且手是打开心灵、大脑的钥匙，手越用，脑越灵，对孩子智力的发展起到决定作用。吃穿是身体的需要，是关系人的生存的问题，所以也是人生最基本的教育。

Q：晓辉老师，你好。我遇到一些早教问题，有点着急，也有些茫然。我家宝宝 21 个月了，在教宝宝汉字时他不学，而喜欢听、说英语，听音乐等。同为 21 个月的宝宝，别人家的同龄宝宝能认识 300 个汉字。我有些着急，但另一方面又疑惑，是否应该用大量时间或强迫的方式让宝宝学习这些知识？

A：谢谢您的问题，您的问题比较有代表性。宝宝 21 个月了，还不到 2 岁。这时的孩子正处于语言敏感期，所以您要在语言上帮助孩子。您的孩子喜欢听、说英语，听音乐，这很好。这都是正常的发展。这个年龄的孩子语言敏感期主要是听和说，而不是读写。所以您的孩子语言的发展正在正确的轨道上。21 个月，从对这个世界浑然不知，到现在可以听懂您的话，可以和您沟通，认识许多物品的名称。运动方面，更是会走、会跑了。可能他已经可以自己吃饭，自己穿鞋了吧。无论如何，您了解您的孩子，自己回想一下，看看孩子的成长是不是一个奇迹。我们成人在不到两年的时间能掌握这么多的本领吗？

我们知道孩子有自己的发展模式——也就是发展规律，有他自己的成长时间表。所以 2 岁的孩子就学他 2 岁该学的东西。不但如此，他们有自我构建的能力。他们在 0~3 岁这个时期借着吸收性心智（潜意识吸收）已经吸收了大量的信息，虽然许多技能并没彰显于外。再借着敏感期轻松、精准地掌握发展过程中的一个个技能。成人常犯的错误就是当孩子对听、说感兴趣时，我们却急着让孩子去学读、写。所以我们成人要做的不是焦虑，无须用强迫的方式去"教"孩子。学习是他生存的需要，是他潜能的发展。他对此是怀有满腔热情的，比如，学爬、学走路、学说话。所以我们需要了解孩子的发展规律，清楚孩子发展的敏感期，跟随孩子，给孩子自由，使他按他自己的发展需要来构建自己。

Q：吴老师，您好。很荣幸能够在中国听到您在美国的分享。我是一位6岁孩子的妈妈，对于中国目前早期教育的现状，其实有一种焦虑感，也听到很多朋友说国外的早期教育非常好，但都是听说而已，您能不能从您的角度谈一谈美国早期教育的现状？

A：美国幼教和我们一样，都偏向寓教于乐，鼓励孩子创造、思考、动手、沟通，用语言解决孩子们之间的冲突，所以孩子们很快乐、很自由，他们敢写、敢画、敢交流。老师们通常都喜欢自己的职业，大多都非常有爱心。他们倾听孩子的心声、启发孩子，当然也规正孩子，讲究公平、合理，有自由也有纪律。美国幼教非常重视阅读，家长常常带孩子到社区图书馆借大量的儿童绘本给孩子阅读，学校也鼓励孩子阅读，所以孩子们的语言表达能力、沟通能力很强。在美国，孩子越小，课程和作业越少，所以孩子的童年都很快乐。随着年龄的增长，作业量会越来越大，强度最大的是在大学四年。

Q：吴老师，您好。我的孩子5岁，现在正在一个绘画班学习绘画，我应该怎么样把您讲的视觉艺术和现在的绘画结合起来？

A：我当时编写这套视觉艺术丛书的时候，有一个信念，就是要把最好的给孩子。我听说，美国训练识别假钞的人，是让他们一直看真钞。这样当有一张假钞放到他们眼前的时候，他们立刻就能识别出来那张假钞。所以，给孩子看这些精品，对孩子有一种潜移默化的作用。并且在他们的视觉敏感期训练他们对颜色、色调、冷暖色等的敏感度，通过吸收性心智，名画里多变的色彩、线条、比例、造型，甚至人物的内心感受都会深深地印在孩子的脑海里。而广告作品和卡通画就较少有这样的效果。父母和孩子一起看，一起谈论这些艺术品，可以培养孩子的观察力和对艺术的鉴赏力。如何让孩子从小就接受这样丰富的美感教育呢？家长要做的就是给孩子预备美术环境，在家里的客厅或孩子卧房的一个角落，给孩子预备一个书架，书架上用托盘分别放置孩子绘画用的画笔，比如蜡笔、马克笔、铅笔等。3岁以下的孩子只放一种原色的笔，最多是红、黄、蓝三原色的笔，各1支就够了。然后另一个托盘上预备白纸，之后可以加一些有颜色的纸张。旁边预备一个匹配孩子高度的小桌椅，接下来就是给孩子自由，让他按他自己内心里的需要来画画。原则上不建议孩子6岁以前去模仿画形象。除非那位美术老师懂得孩子的发展规律，引导孩子自己画而不是教他们描红或画简笔画。

Q：吴老师，世界名画我自己看不懂，与宝宝看名画，需要跟宝贝介绍名家是谁及他们的生平故事吗？

A：好多家长不给孩子看名画是因为自己看不懂。所以选择什么名画给孩子看很关键。我花了整整3年时间，在美国的许多图书馆、艺术馆、书店找资料，买了好多书来挑选适合孩子们看的名画，目的就是使这些名画配上游戏、分类后，家长、孩子都可以看得懂。至于要不要给孩子介绍名家是谁及他们的生平，这要看孩子的年龄和喜好。对低年龄的孩子，最重要的是视觉刺激、视觉印象，让他们看美好的事物，可以用看图说话、游戏的形式进行。比如，大图配小图，找画中的颜色、图形等。对于四五岁的孩子，可以用讲故事的方式介绍名家的生平及作品。

Q：孩子半夜醒来跑到父母房间，怎么办？

最近我们把快3岁的孩子转到没有护栏的儿童床上。我担心的是她会在半夜跑到我们的房间，而这正是后来发生的事。我们怎样把习惯改过来呢？

A： 对小孩来说这并不是件奇怪的事。从孩子的角度来看：她也许很喜欢新床，但是不是很熟悉，不像婴儿床那么舒服。等她醒来时，就像我们半夜醒了一样，她无法靠她以前熟悉的婴儿床来重新入睡。没有栏杆围着她，她的毯子和床单也都换了，眼睛看到的东西都变了。当夜晚来临时，在儿童床上，她会感到不安，而这时你就会成为能让她放心的依靠。所以她能做的就是走过走廊去找你。如果你想要改变这一情况，关键要在敏感度和坚持度上下功夫。上床的时候，承认睡在儿童床上对她是一个巨大变化，但是，提醒她，必须整夜都待在自己的床上。如果她晚上的确起床了，那么轻轻地拉着她的手，把她送回房间。让她上床，但是不要拍她的背，不要讲故事，也不要跟她一起躺下，或者做其他任何鼓励或延长交流的事，只是很温暖地提醒她："这是睡觉的时间，你需要待在自己的床上。明天早上再见。"下面是帮你的孩子重新放松入睡的一些方法。

（1）把你和孩子一起读的书或者唱的歌录成一个带子。在她上床睡觉的时候可以听一听。或者从图书馆借一些儿童故事的带子和光碟。

（2）使用床栏。床栏可以给孩子墙一样的感觉，让他们感觉好像还是在婴儿床里面。

（3）如果你的孩子还没有一个小宠物玩具，那就让她选一个茸茸的动物玩具，来帮助她度过这个过渡时期。建议给孩子选一个非常特别的、毛茸茸的动物玩具，成为她睡觉时的好伙伴。无论晚上上床前，还是午睡时间，她都可以把玩具和舒服、安全联想在一起。

（4）试一试开一盏夜晚灯。当她醒来时，可以看到自己的房间，拿到自己的东西，有一种安全感。

（5）给她足够的鼓励。当她能够在自己的床上整夜睡觉时，承认这点是一个巨大的成就。"你现在该为自己感到自豪，因为你可以在自己床上睡一整夜了。"

Q：我们都知道蒙台梭利教育强调爱与自由，如果给孩子太多自由会不会让孩子无章可循？

A：蒙台梭利所讲的自由不是我行我素，爱做什么就做什么。蒙台梭利强调的自由是在一定限度内的自由。这个自由是给孩子选择做对的事的权利：孩子可以自由地选择自己喜爱的工作，并且孩子有在不受打扰的情况下长时间反复进行一项活动的权利。

维基百科的创建人之一——吉米·威尔士从小就对读书非常痴迷，善于思考。他认为他今天的成果源于儿时的蒙台梭利教育，给他自由和空间，让他常常几个小时读大英百科全书和世界百科全书。像吉米·威尔士这样的孩子若放到一般的传统班级里，一定不会允许他用好几个小时的时间读"闲书"的。

给孩子适当的自由，老师才能观察到一个孩子的真实状态。传统的教育，老师让孩子们乖乖地坐着，不许动、不许说话，孩子们仿佛成了一个个木头人，这样怎么可能真正地了解每个孩子，了解他们的喜怒哀乐，了解他们各方面的成长需求？

蒙台梭利教育老师们鼓励孩子自由地探索、自由地思考，并允许孩子出错。老师认为孩子的错误是孩子学习和成长的机会。只有孩子不怕出错，他们才能勇于尝试。所以孩子在回答老师的问题时不是同一个答案，每个孩子有不同的想法、不同的感觉、不同的见解，每个答案都是好答案。不管孩子的答案多么不合理，多么难以实现，都会得到鼓励、受到尊重。因为他们都努力了。这种心里没有负担、生活没有压力的自由不正是我们成年人一直在追求和向往的吗？

真正的自由，不是传统意义上的消极想法：从被压迫中解脱出来，或从权威的控制之下解放出来，而是来自内心，是独立、意志和自律的体现，是孩子发展的结果。没有独立就没有自由，比如孩子会自己用勺吃饭，用杯子喝水，那他在吃饭和喝水方面就是自由的。国内有个朋友，他班上有个4岁的男孩，吃午饭的时候坐在桌前哭，老师问他为什么哭，他说没有人喂他吃饭。这个孩子在吃饭的事情上不独立，不会自己吃，所以在吃饭的事情上是没有自由的。

自由和纪律是一体两面，没有纪律就不会有真正的自由。纪律和规则是自由的保障。当一个孩子有自由，根据自己内心的需要而选择一项工作，并通过一系列动作完成此项工作时；当孩子可以自己给自己定一个目标，全神贯注地投入其中，反复做、反复尝试时；当他尊重别人的工作，很耐心地等待别人完成那个活动后再做，而不是去抢、去夺时，他的意志就建立起来了，自律也就形成了。

Q：老师好。我家宝宝23个月了，非常活泼也讨人喜爱，但最近喜欢把手放嘴里吸，更严重的是什么东西都想用嘴巴去尝，地上的脏东西也会捡起来马上送进嘴里。好像知道大人要制止他，他还会偷偷地做。请问这个情况需要我们做爸爸妈妈的怎么处理？

A：这个年龄的孩子会把东西放到口里尝，我认为成人看到了要提醒他。一方面把孩子身边的玩具洗干净，另一方面，看到孩子吃手，立即转移他的注意力来帮他停下来。有研究表明，1岁时有31%的孩子吃手，4岁时有12%的孩子吃手，可见孩子到了3~4岁会逐渐好转。

Q：老师，您好！我家宝宝16个月了，最近发现只要是他喜欢并想做的事，如果我稍加制止，他就又哭又闹，而且怎么哄都没用，直到满足他，他才会停止哭闹。其实只要是安全的事我是不会制止他做的，毕竟他还小，对很多事物都会感到好奇，他想玩是完全可以理解的。我担心的是，如果家长每次都照着孩子的想法让他做他想做的事，久而久之会不会让他变得很自我？

A：孩子喜欢做事很好。蒙台梭利教育就是从孩子的兴趣出发，当孩子找到他喜欢做的事情，他就会专心重复做，直到满意为止。他的专注力也随之逐渐建立起来了。如果孩子做的事情没有伤害自己，没有伤害别人，没有破坏环境，那就可以不打扰他，给他自由去做对的事。反之则要制止。蒙台梭利教育里有自由和限制的平衡。

Q：晓辉老师，您好！怎么引导15个月的宝宝读绘本呢？睡前亲子阅读，感觉得到孩子比之前有些进步，但还是经常出现那种情况：他总自己走来走去，玩玩这个玩玩那个，根本不管绘本。请问家长该如何引导呢？

A：和孩子一起读书，是加强孩子和父母亲密关系的极佳活动。15个月的孩子会喜欢和父母一起做事。你不妨让他坐在你腿上，怀抱着孩子阅读。亲子阅读"亲"字更重要。因为0~3岁的孩子有秩序敏感期，所以如果有固定的时间和固定的地点，如在读书角或睡前躺卧在床上讲睡前故事，让阅读绘本成为孩子睡前的一个亲密、温馨的环节，有利于孩子安静下来，进入梦乡。每当我回答这样问题的时候眼前浮现的是我孩子小时候坐在我怀里一起读书的场景。当然读书多长时间要根据孩子的兴趣，他不感兴趣了就停下来。

我自己做妈妈和在幼儿园做老师的经验告诉我，孩子都是喜爱读书的。如果不喜欢，可能是因为我们大人的方法孩子不喜欢，这需要家长检讨。15个月的孩子还小，所以要选择适合他年龄的书，每次读书的时间也不要太长。

Q：我家宝宝 22 个月，不知道什么时候开始绿色和黑色的东西都不吃了，他能把饭都吃光却把菜叶吐出来，真是令人头疼，怎么办？爸爸也很挑食，现在孩子更挑食……小时候什么都吃，现在怎么会这样？

A：好多小朋友都不喜欢吃菜，让家长着急。其实孩子的吃饭问题主要是看孩子的营养是否够。一种蔬菜不吃，可以用另外一种蔬菜或水果代替。你提到爸爸也挑食，这也是重要方面，家长的饮食习惯有些是会遗传的。如果真的觉得孩子哪些营养严重缺乏，可以让孩子服用小孩吃的多种维生素。

Q：我有两个孩子，平时问题好多，特别是在姐妹俩的相处上。需要帮助！

A：这位家长，虽然你没有提小姐妹之间具体的行为问题，但是可以猜得到，彼此之间可能会抢东西，可能会互相推搡。其实从孩子的社会性发展的角度来看，两个孩子从小在家里，就有机会和另一个孩子相处，一起玩儿、一起合作，如果彼此之间有冲突，要协商解决。所以在这个过程当中，他们就可以学习解决问题的技能。只有一个孩子的家里，孩子就没有这样的环境和机会。因此，有两个孩子的家庭更有机会教育孩子如何处理同伴之间的一些问题。在这个过程中，父母要做观察者、协助者，观察事态的发展，不要太快干预，而是给孩子们机会，积极引导让他们自己找出解决问题的办法，必要时可以协助他们用语言彼此协调。

Q：我家娃 19 个月，最近表现得特别敏感，家里来陌生人就会紧张，嚷嚷着要抱，去外面玩。不靠近她还好，大人一靠近她，她就怕，就开始找妈妈。现在我都不知道该怎么引导她。

A：6~18 个月的孩子会一反常态，对陌生人不但不会微笑，还会害怕。你的孩子 19 个月，其实还在这个范围之内。这种情形一方面是孩子成长发展的结果，因为他已经可以区别父母和外人了，而且能够区别人的表情，所以他这个时候会出现怕陌生人的情况。另一方面，孩子有不同的天性，根据美国 30 多年的追踪研究，孩子有与生俱来的、不同的天性。有的孩子是属于害羞退缩型的，有的孩子属于难带型的，有的是属于随和型的。因孩子的天性不一样，她对陌生人的反应也会有所不同。孩子的天性没有好坏之分，每个孩子都很特别。当孩子有害怕、害羞的反应出现的时候，你还是要鼓励孩子跟阿姨问好。但是孩子可能会问好，也可能不回应，无论如何，你都要接受孩子。

如果你的孩子真的很害怕，不愿意见生人，也不愿意跟生人打招呼，那暂时可以不要让他向人问好，因为他还没预备好。当他心理成熟到一定程度的时候，你再找合适的时间鼓励他。我们大人到一个生疏的地方也需要一个心理调适的时间。有的人性格非常外向，很快就跟别人打成一片了；有的人是慢热型的，就需要一点时间。无论怎样，都要彼此尊重。

Q：我家娃现在 14 个月，经常要抱，我是每天都陪着她的，环境、作息时间这些也不经常变动，应该不会是缺乏安全感吧。可她无论是玩也好，吃饭也罢，隔一小会儿就要抱，她现在的口头禅都成了"妈妈抱抱"。这情况正常吗？再出现此情况，我是应她所求，还是拒绝？怎么引导比较好？

A：你担心孩子缺乏安全感，但从你的描述来看她不一定是缺乏安全感。这个年龄的孩子和 2 岁左右的孩子，虽然可以独立做很多事情了，会讲话也会走路了，但他这个时候也是非常依赖人的。比如，小朋友在沙滩上玩沙子的时候，如果妈妈在旁边或在可视范围内，他就玩得很开心。他有时玩一会儿，会跑到妈妈身边待一会儿，再跑去玩儿。妈妈就好像他的避风港。如果他一回头发现妈妈不见了，他会丢掉手中的东西去找妈妈。所以，这个年龄的孩子也是非常依赖人的。他说要妈妈抱抱也就是这种状态。你第一要了解这个年龄孩子的发展特点，另外很重要的一点就是培养孩子独立玩耍的能力和自我安慰的能力！这些方面要从小就开始培养。比如他自己玩的时候，妈妈可以在旁边坐一坐，然后告诉他妈妈要去洗手间一下，就离开一会儿，再回来，逐渐地延长离开的时间。

如果孩子自己在玩玩具，你陪一会儿，然后告诉他："妈妈要去厨房做饭了。妈妈就在旁边。"渐渐地让他一个人独立玩儿。孩子需要拥抱就给他拥抱，或拍拍他的后背，告诉他："妈妈爱你，你再接着玩会儿吧，妈妈就在旁边啊！"鼓励他继续做他自己的事情。

当然，每个孩子的天性不同，对成年人的依赖程度也会不同。

Q：我想咨询一个问题，我家豆豆3岁多了，老师发现在活动中，如果碰到一些稍微难一点的事情，孩子就不愿继续做下去了；如果老师陪着他一起做，他才会继续下去，这时候也可以完成得很好。只是在开始做一件自己不熟悉或者自己觉得难的事情的时候，不太愿意尝试。老师能否就这些方面给一些建议？

A：首先，我们要意识到他才3岁多一点。我们小的时候，3岁的时候还不会想到去上学。现在的小孩子一方面很幸福，很早就可以接受教育，另一方面我们应一直记得他们还是个孩子。所以，对他不要期望过高。在蒙台梭利教室里，孩子有很多的活动可以选择，他们的活动范围很广，所以小朋友一般都从他会的事情开始做，那样他会比较安稳，有安全感。

从会做的事情开始建立安心和自信以后，他才能去做一些难度稍稍大一点的活动。蒙台梭利教室里的活动最重要的目的，并不是对孩子知识的传输，这是个间接的目的，而不是直接目的。虽然蒙台梭利教室有很多教具，小朋友真的可以学习到很多东西，但最重要的目的是培养孩子的专注力、手眼协调能力、秩序感还有独立能力。当这些能力建立起来的时候，他再做任何活动都会得心应手。所以我的建议：让孩子自己选择蒙台梭利教室里他感兴趣的活动，从他感兴趣的活动出发。他自己选择的工作，就会喜欢做、反复做，容易延长工作时间。等一项工作已经很熟练的时候，他就会选择下一项更具挑战性的活动。

当孩子遇到一些稍稍有挑战性的工作想要退缩的时候，老师和家长可以协助他、鼓励他。当他自己专注，可以自己独立做事情的时候，老师或家长就可以离开了。

Q：给 2 岁 3 个月的孩子买的涂色书会限制孩子的想象力吗？

A：2 岁不需要涂色的书，而是给孩子预备白纸和一支铅笔、蜡笔或马克笔，让孩子毫无限制地自然地去画。他自己画的作品，如果他喜欢可以涂色。

后 记

2006年6月22日，我早早起床，把该带的东西都装在车上。七点半，梳妆完毕，拿起背包准备离开。突然电话响了，我满怀疑惑地转身接电话。是护士打来的，让我当天再去医院拍片。我告诉她当天实在没有时间，就约好第二天去。我放下电话，一阵恐慌掠过心头，莫非……我摇摇头，告诉自己今天不能有任何杂念，我急忙离开家开车去参加学校的毕业典礼。毕业典礼非常成功，家长和孩子都喜乐满怀。中午活动结束，我和丈夫去餐馆匆匆吃了个午饭，下午还有一件大事要办，就是房子过户。下午3点左右从律师办公室走出来，感觉轻松多了：学校学期结束了，房子也买好了，明天上午去看医生，下午去进行最后的采购，晚上是儿子的毕业典礼，后天就一无牵挂地全家回国了，回去看看父亲及亲朋好友们。每次回国都是来也匆匆去也匆匆，这次要多待一段时间，好好地放松自己。天有不测风云，第二天去医生那里做第二次拍片，当时就有血水被挤压出来，我有一种不祥的预感，护士也停下来去找医生。医生来了，我哭着问医生是不是有问题。医生点点头，让我马上做切片检查。接下来越查越糟糕：先是以为只有些钙化点（即癌症的初期特征），切片结果却是第二期；做手术时发现淋巴也有扩散，于是医生决定让我既要做化疗又要做放疗。化疗非常痛苦。记得第一次化疗结束时，全身都觉得不对劲。特别是第一周，连说话的力气都没有，情绪非常沮丧；第二周刚缓和一点，又要准备下期疗程。当我做到第三期时，心情差极了。一个阴雨连绵的早晨，我坐在床上，想着自己的遭遇，数着时间，觉得一片茫然，不知前面的路该如何走下去。这时候电话响了，是大夫打来的，他询问我的情况，并建议我如果体力够就出去走走，或是看看书。于是我打着雨伞，在雨中漫无目的地走着。当我从外面散步回来时，心情稳定多了。我坐在沙发上，看看书架上的书籍：有些是读研究生时买的，有些是训练时买的。那时我是个购书狂，看到有关幼儿教育的书就买回来，却因太忙没时间看，很多书都是大致翻翻，然后堆在书架上。我从书架上拿下一本我最喜欢的斯坦丁写的《蒙台梭利的生平与事迹》一书。这本书我虽然读了几遍，但是每次读都有不同的感悟。我翻开书，又一次读到蒙台梭利的人生经历，在蒙台梭利几乎要放弃的时候，一个乞丐的孩子聚精会神玩彩纸的一幕深深地打动了她，让她义无反顾地坚持下去。这段故事我读过几次，虽然每次都有感动，却没有真正理解其中的含义。这次我又读到此处，眼泪涌了出来。我合上书，想象着故事中的情节：一个乞丐的孩子，可想而知他的境况，不但温饱不能满足，还会被人轻视、忽略。一个活在最底层的孩子，却被一张毫无价值的彩纸吸引并带给他喜乐和满足。难道他忘了他的身世？忘记了他的处境？他是在有限的时空里寻得属于他的快乐！我对"蒙台梭利教育"有了新的认识，它不单单是一种理念，更是她人生阅历的总结，不但对孩子的智能成长有帮助，对每个人的人生发展都有益处。那个故事当年如何感动和扶持蒙台梭利，100年以后的今天，这个故事也同样激励了情绪低落的我。我此时此刻突然觉得自己好像当年的蒙台梭利,四处受"敌"无路可逃,也像她当年的感觉一样,意识到不能被生活压倒。虽然年纪轻轻得了癌症,但是有那么多的人为我祷告,有世界各地的朋友发来问候的邮件,有家人的陪伴,有丈夫无微不至的关怀……我不应抱怨,不该悲观,而要凡事感恩!记得我刚接触蒙台梭利教育思想时,非常受其吸引并觉得中国太需要它了。当时想编写一本书把蒙台梭利及其他西方先进的教育理念介绍给国内的家长们,但后来太忙就把这事搁下了。一晃五六年过去了,现在有时间了,可以把以前写的文章整理一下,把读研究生时的幼教理论,结合近十年的幼教实践做个总结。于是打电话给丈夫,他非常支持。我也给国内研究教育的好友窦文娟打了电话,她也很赞成,于是我就在身体状况允许的情况下开始了写作。

有事做了,不再感到度日如年,不再唉声叹气,时间也过得快多了,一晃几个月,到了2007年2月中旬,化疗、放疗都做完了,书的写作也接近尾声。从事排版校对工作的朋友雷涛主动提出帮忙,为这本书花了很多心思,在此对他表示衷心的感谢。同时我也得到在美国南加州大学做教授的教育博士——谢启蒙先生的支持,为本书作序,并帮忙联络出版一事。孙凤兰老师为此书的出版也是费心费力。还有曾清燕老师。有这些热心人的帮助,才有此书的顺利出版,借此我表达衷心的感谢。

我知道近年来国内得癌症的女性越来越多,但愿这本书不但对孩子的父母有帮助,也给那些还在与癌症抗争的姐妹们一些鼓励,愿她们在艰苦的环境中也能找到一片属于她们的彩纸。